MT 정치외교학

MT
Map of Teens

정치외교학

한양대학교 최진우 교수 지음

청어람 장서가

시리즈를 발간하며

대학입시에 대한 관심이 우리나라처럼 높은 곳도 없을 것이다. 하지만 대학에 대한 많은 관심에도 불구하고, 막상 대학에 가서 무엇을 배우는지에 대해서는 학생과 학부모 모두 구체적으로 모르고 있는 것 같다. 이는 대학교육의 실질적 내용보다는 대학졸업장 취득여부에만 큰 관심을 기울이는 세태의 반영일 수도 있지만, '대학 가는 것'을 인생의 중요한 목표로 삼고 있는 중 · 고등학생들에게 대학의 교육내용을 쉽고 친절하게 설명해 주는 자료가 없었기 때문일 것이다.

〈나의 미래 공부〉시리즈 Map of Teens는 중 · 고등학생들의 후회 없는 선택과 성공적인 공부를 위해 기획되었다. 자신의 삶을 크게 테두리 지을 대학의 각 분야별 공부가 구체적으로 어떤 것인지 스스로 읽고 판단하는 데 도움이 될 것이다. 이것이 내가 정말로 하고 싶은 것인지, 잘 할 수 있을 것인지를 스스로 또는 부모님, 선생님과 함께 고민하고 결정할 수 있게 만들어 줄 것이다. 아직 자신의 적성을 모른다면, 이 시리즈에 포함된 다양한 공부의 길들을 비교해보면서 역으로 자신의 흥미와 열정을 발견

할 수도 있을 것이다.

대학의 다양한 학문들이 무엇을 배우고 연구하는지를 아는 것은 단지 '나의 선택'만을 위해 중요한 것은 아니다. 사회의 다른 구성원들이 무엇을 공부하는지 아는 것도 매우 중요한 일이다. 사회의 범위가 지구촌으로 확대되고 있는 지금, 나의 이웃들이 무엇에 관심을 가지고 공부하고 있는가를 아는 것은 우리 모두의 공동 번영을 위해 필수적일 수밖에 없다. 이런 경향을 반영하듯 각 학문들은 서로의 분야를 넘나들며 융합되고 있고, 대학에서 한 가지 전공만을 공부한다는 것은 이제 지난날의 일이 되었다. 사회에서 요구하는 인재상도 멀티플전공으로 바뀌고 있다. 우리가 자신만의 전문성을 가지되 다양하고 폭넓은 공부를 해야 되는 이유가 여기에 있다.

〈나의 미래 공부〉시리즈 Map of Teens는 이러한 시대적 요청에 충실하면서도, 수많은 학문들의 내용을 자세히 들여다 볼 시간이 없는 독자들을 위해 각 분야의 핵심을 한눈에 알아볼 수 있도록 요약하려고 노력하였다. 여기에는 각 해당 분야 전공자들의 많은 노력이 숨어 있다. 오랜 시간 축적돼온 각 학문의 내용들과 새롭게 추가되는 연구 성과들을 가능하면 우리 실생활과 연관시켜 쉽고 재미있게 설명하기 위해 고심한 필자들의 노고에 감사드린다. 이 시리즈가 중·고등학생들이 미래를 찾아가는 학문 여행에 꼭 필요한 지도가 되길 바라며, '나만의 미래 공부'를 찾아 여행을 떠나보자.

2011년 6월

시리즈 기획위

인문계열

국문학 | 영문학 | 중문학 | 일문학 |
문헌정보학 | 문화학 | 종교학 | 철학 |
역사학 | 문예창작학

Map of Teens

여행을 떠나기 전 학과 지도를 펼쳐보자

세상은 넓고 학과는 많다.
학과에 대한 호기심과 나에 대해 알아보려는 의지만 있으면 여행 준비 끝!
자, 이제부터 나의 미래를 찾기 위해 힘차게 떠나보자!
놀라운 학과 세계와 지적 모험이 여러분을 기다리고 있을 것이다.

사회계열

심리학 | 언론홍보학 | 정치외교학 | 사회학 | 행정학 | 사회복지학 | 부동산학 |
경영학 | 경제학 | 관광학 | 무역학 | 법학 | 행정학

예체능계열

영화학 | 음악학 | 디자인학 | 사진학 |
무용학 | 조형학 | 공예학 | 체육학

교육계열

교육학 | 교육공학 | 유아교육학 | 특수교
육학 | 초등교육학 | 언어교육학 | 사회교육
학 | 공학교육학 | 예체능교육학

공학계열

생명공학 | 기계공학 | 전기
공학 | 컴퓨터공학 | 신소재
공학 | 항공우주공학 | 건축
학 | 조경학 | 토목공학 | 제
어계측학 | 자동차학 | 안경
광학 | 에너지공학 | 환경공
학 | 화학공학

의약계열

의학 | 한의학 | 약학 | 수의학 | 치의학 | 간
호학 | 보건학 | 재활학

물리학 | 화학 | 천문학 | 수학 | 통계학 | 식품
영양학 | 의류학 | 지리학 | 생명과학 | 환경과
학 | 원예학

자연계열

미래에 대한 고민을 갖는 계기가 되길

이 책은 대한민국의 미래, 세계의 미래를 가꾸어나갈 청소년들을 위한 책이다. 이 책은 정치가 무엇인지, 그리고 정치외교학과에서는 무엇을 배우는지를 소개하고 있다. 그리고 우리나라에서 좋은 정치, 바른 정치가 이루어질 수 있도록 청소년들이 정치에 대해 균형 잡힌 견해를 가질 수 있게 하기 위해 만들어진 책이다.

우리 사회에는 정치에 대한 많은 오해와 편견이 있다. 때로는 정치를 더럽고 치사한 것이라고 생각하면서도, 때로는 정치를 만능의 요술 지팡이로 생각하기도 한다. 우리의 의식 속에는 정치에 대한 혐오와 기대가 혼재되어 있는 것이다. 그렇지만 정치에 대한 지나치게 부정적인 인식도 문제거니와, 정치에 대한 너무 큰 기대 또한 금물이다.

어떤 사람은 요즘 우리는 '정치과잉'의 시대를 살고 있다고 걱정한다. 이익의 충돌과 이념의 갈등이 도를 넘어 우리 사회의 제도적 안정성이 위협을 받고 있다는 우려다. 여당과 야당의 대립, 노사 간의 첨예한 갈등 등 양보 없는 투쟁, 타협 없는 논쟁이 우리나라의 정치적 상황을 어렵게 만

든다는 진단이 여기에서 비롯된다.

그렇지만 한편에서는 정치적 무관심이 문제라고 한다. 사람들이 자신의 개인적인 일에만 괘념할 뿐, 사회적 문제에 대한 고민이나 국가적 쟁점에 대한 관심이 현저히 줄어들고 있다는 것이다. 그 중에서도 특히 젊은이들의 저조한 정치 참여를 개탄하는 목소리가 많이 들린다.

그렇다면 '정치과잉'과 '정치적 무관심'의 공존 현상은 왜 나타나는 것일까? 이는 사회 구성원 모두의 협조와 희생이 필요한 공적이익의 구현보다는 개인의 편의와 영달을 가져다주는 사적 이익의 실현에만 몰두한 결과일 가능성이 크다. 인간은 누구나 사적이익을 추구한다. 그러나 모든 개인이 사적이익 일변도의 생각과 행동을 한다면, 그 사회는 유지될 수 없다. 이익의 충돌로 '만인의 만인에 대한 투쟁 상태'가 벌어질 것이기 때문이다. 정치는 바로 사적이익을 추구하는 개인들의 생각과 행동에서 공적이익을 구현할 수 있는 에너지를 이끌어내는 일이다. 조화와 타협을 통해 사적이익을 추구하는 개인들의 행복과 안녕, 그리고 더불어 사는 사회의 안정적 발전을 이루어내는 것이 바로 정치의 역할인 것이다.

대학에서의 전공과 장래의 진로를 선택하기 위한 길잡이로서 정치외교학과 관련된 기초적인 정보를 제공하는 것이 이 책의 기본적 목적이다. 이 책을 통해 보다 많은 젊은이들이 정치에 대한 관심과 민족과 인류의 미래에 대한 고민을 하게 되는 계기가 되기를 바랄 따름이다.

2011년 6월
저자 최진우

CONTENTS

정치외교학
여행을 위한 안내서

Political Science

정치라는 언어가 주는 선입견을 버려라!

"정치가 잘돼야 나라가 잘되지."

"그 사람은 너무 정치적이야."

"경제를 정치 논리로 풀려고 하면 안 돼."

"정치력이 부족한 것 같아."

우리는 일상 속에서 '정치'라는 말을 할 때가 많다. 정치에 대해 때로는 기대를 피력하기도 하고, 때로는 푸념을 토로하기도 한다. '정치'라는 말을 들었을 때 사람들은 여러 가지 다른 것들을 연상하게 된다. 좋은 것도 있고 나쁜 것도 있지만, 부정적인 이미지를 떠올리는 경우가 많다. 권모술수, 부정부패, 기회주의, 이합집산 등이 그것이다. 아마도 우리가 겪어온, 그리고 지금도 목격하고 있는 정치 현실의 자화상이 아닐까 싶다. 여기에 정치에 대한 언론의 냉소적 보도가 더해지면 정치란 나쁘고, 더러운 것이라 관심을 둘 가치조차 없다는 태도가 형성되기도 한다. 정치적 무관심이라는 부작용을 낳는 가장 근본적인

원인일 것이다.

대학시절 내가 정치외교학을 전공하고 있음을 전해 들은 주변의 친척 어른, 사촌 형제, 초중고등학교 동창들로부터 질문을 받곤 했다. 대학에서 정치외교학을 전공하고 있으니, 졸업 후에는 정계에 입문할 요량이냐는 것이었다.

많은 사람들이 정치외교학을 전공하는 사람들은 정치에 뜻을 둔 사람들로 생각한다. 그러한 생각의 연장선상에서 사람들은 내가 정치외교학과를 다닌다고 했을 때 대체로 두 가지의 반응을 보였다. 걱정과 조롱이 그것이다.

첫째, 일반적으로 사람들은 정계 진출의 문이 지극히 좁다고 생각하기 때문에, 과연 내가 그 좁은 문을 통과할 수 있을 것이며, 만약 통과하지 못하면 그다음에는 과연 어떻게 될 것인가 하는 걱정이 되었던 것이다. 아마도 수차례 국회의원에 출마했다가 뜻을 이루지 못한 분들이 겪게 되는 어려움에 대한 여러 가지 얘기를 들은 바가 있어 이런 걱정을 해준 게 아닌가 한다.

둘째, 내가 정치외교학을 전공한다고 했을 때 걱정과 함께 알게 모르게 조롱기가 조금 묻어나는 반응을 보이는 친지도 가끔 있었다. 도대체 '정치 같은 것'을 왜 하려 하느냐는 것이었다. 정치란 부정한 것, 치사한 것인데, 정치에 관심을 둔 것을 보니 결국 너도 같은 부류 아니냐는 시선이었던 것이다. 정치에 대한 부정적 인식의 발로였다.

아닌 게 아니라 정치에 대한 부정적인 연상 작용은 우리나라에만 국한된 것은 아니다. 많은 나라에서 정치인은 풍자와 의심의 대상이다. 정치인의 말은 진정성이 의심되고, 정치인의 일거수일투족은 자신의 권력욕을 충족시키기 위한 행동으로 치부되기도 한다.

여론 조사 결과에 따르면 유럽의 선진 민주국가에서도 정치인에 대한 일반시민의 신뢰도는 매우 낮다. 독일 7.8%, 영국 6.3%, 이탈리아 4.5%, 프랑스 3.2% 등이다. 가장 높은 신뢰를 받고 있는 직업인 의사나 학자가 각각 70%, 50% 정도를 기록하고 있는 것에 비하면 가히 형편없는 수준이라 하지 않을 수 없다.

미국에서도 사정은 별반 다를 바 없다. 오스틴 래니의 〈현대정치학〉이란 책을 보면 미국인 중 자녀가 정치를 평생 직업으로 선택하기를 바라는 사람은 23%에 불과하다고 한다. 동서양을 막론하고 정치에 대한 부정적 인식이 팽배해 있음을 감안한다면, 정치외교학과에 다니고 있는 나에 대한 주변의 걱정이 이해되지 않는 바는 아니었다.

그런데 과연 정치란 그렇게 어둡고 추한 것일까? 결론부터 얘기하자면, 그렇지 않다는 것이 나의 생각이다. 정치에 대한 부정적인 생각들은 정치가 제대로 이루어지지 않았을 때 갖게 되는 우리의 실망 또는 정치 과정에서 나타나는 부작용에 대한 거부감에서 생겨나는 것이지,

정치외교학
여행을 위한 안내서

정치 그 자체가 추악한 것은 아니다.

고대 그리스의 위대한 학자였던 아리스토텔레스는 인간은 정치적 동물이라고 했다. 이는 인간이 모여 사는 곳에서는 정치현상이 나타나기 마련이라는 뜻도 있지만, 한편으로는 인간의 삶은 정치를 통해 탐욕과 무절제를 극복하고 보다 선하고 고귀한 단계로 나아갈 수 있다는 의미를 담고 있기도 하다. 이렇게 본다면 정치는 그 자치가 나쁘거나 추한 것이 아니며, 오히려 우리의 삶을 더욱 풍요롭고 편안하게 하기 위해 반드시 필요한 좋은 것이라 할 수 있다.

사실 정치는 긍정적인 기능을 많이 갖고 있다. 무엇보다도 정치는 개인 또는 집단 간의 이해관계를 조정하고 분쟁을 해결하는 역할을 한다. 많은 사람들이 함께 모여 살다 보면 사람들 사이에 이해관계를 둘러싼 다툼이 일어나기 마련이다. 사회구성원들 사이에 발생하게 마련인 이런 이해 갈등을 해결할 수 있는 제도적 장치를 마련하고 이를 공정하게 운영하는 것이 정치의 주요 기능인 것이다.

또한 정치는 국민 모두가 원하고 필요로 하는 공공재(公共財, public goods)의 제공을 위해 꼭 필요하다. 도로와 항만의 건설, 국방과 치안의 기능 수행, 교육과 복지 서비스의 제공, 시장의 원활한 작동을 위한 재산권과 계약 관련 법제도의 설정과 이행 등이 바로 그 공공재에 포함된다. 이처럼 다양한 공공재들이 언제 얼마나 공급되어야 하는지, 조달의 방법은 어떠해야 하는지, 공공재들 간의 우선순우는 어떻게 정해야 하는지에 관련되는 다양한 의견을 조정하고 결정을 내리는 것

이 정치인 것이다.

이와 같이 갈등 조정의 메커니즘이 원활하게 작동하고 공공재 제공의 기능이 공정하고 효율적으로 수행되면 그것이 곧 정치가 잘되는 것이라 할 수 있다. 그럴 때의 정치는 우리에게 유익한 것일 뿐 아니라, 반드시 필요한 것이기도 하다. 정치는 우리의 삶을 보다 풍요롭고 평화롭게 가꾸어 나가기 위한 필수요소인 것이다.

자, 그러면 '정치'에 대해 갖고 있는 오해와 편견을 버리고, 정치현상을 공부하는 정치외교학이란 매력적인 학문 속으로 여행을 떠나보자.

> 정치외교학 여행을 떠나기 전 해야 할 일은
> 정치에 대해 갖고 있는 오해와 편견을 버리는 것이다.
> 정치와 연관되어 생각나는 단어들인 권모술수,
> 부정부패 등은 일부 정치현상에서 나타난 모습일 뿐,
> 그것이 정치는 아니니까 말이다. 우리의 삶을 보다
> 풍요롭게 가꾸기 위한 연구가 바로 정치학이다.

정치학, '국민의, 국민을 위한' 학문

study #02

내가 대학에서 정치학을 전공한다고 했을 때 후일 정계에 입문할 것인가를 물었던 사람들은 은연중 '정치학이란 정치인을 위한 학문일 것'이라는 가정을 마음속에 갖고 있지 않았나 생각된다. 어쩌면 많은 사람들이 정치학이란 통치의 기술을 가르치고 권모술수의 기법을 익히는 것으로 생각하고 있을지도 모를 일이다. 정치학은 '치자(治者)의 학문'일 것이라는 지레짐작이다.

물론 정치학이 치자를 위한 학문인 측면도 있다. 권력의 장악, 유지, 강화를 위해서는 '여우와 같은 간사한 지혜와 사자와 같은 힘'을 사용해야 한다고 주장한 마키아벨리의 정치학은 아마 그랬을 것이다. 그러나 그것이 전부는 아니다. 정치학은 어쩌면 피치자(被治者), 즉 시민들이 더 열심히 공부해야 하는 학문인지도 모른다. 권력을 감시하고 비판하는 눈과 입이 있어야만 권력의 남용과 타락을 막을 수 있기 때문이다.

한 나라의 정치발전의 수준은 그 나라 국민의 정치의식 수준을 절대로 뛰어넘을 수는 없다고 한다. 그래서 한 나라의 정치지도자의 수준에 대해서는 그 나라의 시민이 책임을 져야 한다고 한다. 정치현상에 대한 시민들의 건전한 판단능력이 정치의 수준을 끌어올리는 데 필수적인 요소라고 한다면, 젊은이들이 대학에서 정치학적 소양을 닦는 것은 책임 있는 민주시민이 되기 위한 필수 과정이다.

정치를 더욱 투명하고, 공정하고, 효율적으로 작동하게 만들기 위해서는 대학 교육 과정에서 정치학을 공부하는 것이 매우 중요한 부분을 차지할 수밖에 없다. 대부분의 미국 대학에서 〈정치학 입문(Introduction to Political Science)〉과 〈미국정치론(American Politics 또는 American Government)〉 등의 정치학 관련과목이 전교생 대상의 필수 선택 과목으로 지정되어 있는 것도 이러한 이유에서다.

이와 같이 건전한 시민정신을 함양하여 정치가 공익을 위해 작동하도록 비판과 감시의 기능을 수행하는 데 정치외교학적 소양이 필요하다고 한다면, 각 개인의 사적 영역에서도 정치외교학과에서 보고 배운 것이 위력을 발휘하기도 한다.

인간과 인간, 집단과 집단 사이의 권력관계는 비단 국가 조직의 수준에서만 나타나는 것이 아니라 인간 사회 전반에 걸쳐 발견되는 현상이다. 따라서 정치외교학적 식견을 갖추는 것은 인간과 사회에 대한

정치외교학
여행을 위한 안내서

심화된 이해를 가능하게 해주는 매우 유용한 자산일 수 있다. 인간관계를 맺고 유지함에 있어 불가피하게 발생하는 갈등을 조정하고 분쟁을 해소할 때 요구되는 통찰력과 리더십을 발휘할 수 있는 밑거름이 정치외교학의 학습을 통해 마련될 수 있기 때문이다.

어느 대학 정치외교학과 홈페이지에 다음과 같은 글이 있다. 정치학적 지식이 어떻게 활용될 수 있는지, 정치학 전공자가 사회적으로 어떤 역할을 할 수 있는지에 대한 하나의 예를 들어놓은 것이다.

정치학, 21세기가 요구하는 대학인에게 꼭 맞는 전공!

기업에 취업한 S군은 어느 날 동료들과 함께한 자리에서 기분 좋은 일이 하나 생겼습니다. 그날의 화제는 최근의 국제정서 변화가 국내경제에 미치는 영향에 관한 것이었습니다. ○○학을 전공한 K군, △△학을 전공한 L양 모두 자신의 전공과 관련된 것 외에는 종합적인 분석을 좀처럼 하지 못하고 있을 때였습니다. 그때 정치외교학을 전공한 S군은 논리정연하게 자신이 배웠던 국제정치에 대한 식견, 지역정치에 대한 지식, 그리고 경제학적 상식과 풍부한 역사적 지식을 통해 명쾌하게 설명하여 주위의 동료들로부터 감탄을 자아냈습니다.

대학의 위상이 변화하고 있습니다. 사회에서 요구하는 대학인의 모습도 점점 달라지고 있습니다. 대학 졸업장으로 어떤 특수한 지식을 요구하기보다는, 넓은 교양과 풍부한 소양을 갖춘 인재를 요구하는 것이 오늘날의 추세입니다.

정치외교학은 모든 학문적 성과를 접합시킬 수 있는 무한한 가능성을 지닌 학문입니다. 21세기가 요구하는 새로운 지식인 여러분의 전망을 정치외교학 전공에서 찾아보십시오!

정치학은 정치를 하기 위한 학문이라기보다
정치현상에 대한 건전한 판단능력과
인간관계에서 요구되는 리더십을 기르기 위한
학문이라 할 수 있다.

대학 나온 미국인은 다 아는 용어, 폴리 싸이 원오우원

미국 대학의 교과과정 시스템은 상당 부분 표준화되어 있는데, 미국 대학에서는 과목에 학수번호를 붙일 때 1학년이 주로 듣는 과목에 100단위를 부여하고 있다. 그중에서도 가장 기본이 되는 과목을 1번으로 삼아 정치학 입문의 경우 정치학의 영어 약자에 번호를 붙여 Poli Sci 101(폴리 싸이 원오우원)으로 부르기도 한다. 그래서 미국인들 사이에서는 Poli Sci 101이란 바로 정치에 대한 기본상식을 의미하기도 한다.

나도 정치외교학도가 될 수 있을까?

그렇다면 어떤 사람들이 정치외교학을 공부하는 것일까? 어떤 사람들이 정치외교학을 공부하는 것이 가장 적성에 맞을까?

일단 평소 정치문제에 대해 관심과 흥미를 갖고 있는 사람이라면 누구나 재미있게 정치외교학을 공부할 수 있다. 그런데 정치외교학을 공부하기 위해서는 어떤 자질, 성향, 적성을 갖고 있어야 할까? 그리고 정치외교학을 전공하기 위해서는 어떤 기초 소양을 갖추어야 할까? 또 어떤 사전 준비가 도움이 될까? 이 문제에 대해 얘기하기 전에 우선 두 가지를 먼저 짚고 넘어갔으면 한다.

첫째는 정치외교학은 누구라도 공부할 수 있으며, 둘째는 정치외교학은 누구나 공부해야 하는 학문이라는 점이다.

정치외교학이란 반드시 전공자만이 공부할 수 있는 학문은 아니다. 일단 인간과 사회에 대한 관심이 있는 사람이라면 누구나 공부할 수 있는 학문이다. 사실 정치현상이란 우리의 삶 속에 깊숙이 배어 있기

정치외교학
여행을 위한 안내서

때문에, 정치현상에 대한 체계적 설명인 정치외교학은 사회과학의 다른 분야에 비해 전공자가 아닌 사람들에게도 그다지 난해하지 않을 수 있다. 물론 고도로 정교화된 이론적 논의의 수준에 들어가면 사정이 달라지긴 하겠지만 말이다.

우리가 주변에서 관찰하고, 경험하고, 느끼는 많은 일들이 정치외교학의 분석대상이기 때문에, 정치외교학은 상대적으로 쉽게 다가갈 수 있는 학문이기도 하다.

내가 강의하고 있는 정치외교학 수업에 들어오는 학생들 중 다수가 정치학 비전공자이며, 이들이 정치외교학 전공자에 비해 시험이나 보고서 작성에서 별다른 핸디캡 없이 좋은 성적을 내는 것을 보면 정치외교학이 폐쇄적인 학문이 아님이 틀림없다.

물론 고학년으로 올라가거나 대학원에 진학을 하게 되면 정치외교학의 전문용어가 많이 나오고 학생들 사이에서는 정치의교학의 기본 이론에 대한 이해가 어느 정도 공유되기 때문에 비전공자들이 수업을 따라오기 힘든 경우도 있다. 하지만 이 경우에도 비전공자였던 학생이 조금만 노력을 하면 전공자와 비전공자의 차이를 극복하는 데 시간이 많이 걸리지 않을 것이라 생각한다. 정치외교학과의 대학원생 중 적지 않은 숫자가 학부에서는 다른 전공을 했던 사람들이라는 것이 그 증거일 것이다.

정치외교학은 누구나 공부할 수 있는 학문인 동시어, 누구나 공부를

해야 하는 학문이기도 하다. 왜 그럴까? 왜냐하면 우리 모두가 권력에 대한 감시와 비판의 기능을 수행해야 하기 때문이다. 권력은 잘 쓰면 약이 되고 잘못 쓰면 독이 되는 영원한 유혹이다. 권력에 대한 감시와 제어가 없으면 권력이 타락하는 것은 시간문제다.

권력의 타락을 방지하는 것은 바로 일반 시민의 책무다. 그런데 권력의 속성을 이해하고 권력의 그릇된 사용을 비판하기 위해서는 정치현상을 보고 판단할 수 있는 윤리적 기준과 지적 능력을 어느 정도 갖추고 있어야 한다.

물론 정치외교학을 공부하지 않았더라도 건전한 상식을 가진 사람이라면 권력에 대한 감시와 비판의 역할을 충분히 수행할 수 있다. 그렇지만 정치외교학을 공부할 경우 정치현상에 대한 보다 체계적인 이해와 보다 명료한 판단 기준의 적용이 가능해질 것이다.

장차 권력의 사용자가 될 사람들 또한 정치외교학을 공부하는 것이 좋다. 정치외교학의 학습을 통해 권력의 과도한 행사가 갖는 위험성을 충분히 인지하고 권력의 적절한 사용을 위한 가이드라인을 갖는 것이 필요하기 때문이다.

그렇다면 어떤 학문적 적성을 가진 사람이 정치외교학을 공부하기 좋을까? 아무래도 역사와 사회에 관심이 많은 사람이면 정치외교학에 좀 더 흥미를 가질 가능성이 높을 것이다. 그리고 과학적, 논리적 사고의 능력이 있는 사람이면 더더욱 좋다. 정치외교학과에서는 역사와

사상, 제도와 규범 등을 배운다. 아울러 사회현상을 과학적으로 탐구하는 방법을 배우고 자기주장을 논리적으로 전개하는 훈련을 받는다. 나아가 비판적 사고, 창의적 사고를 하는 사람이면 정치외교학에 더더욱 매력을 느낄 것이다. 정치란 결국 인간을 좀 더 행복하게 살게 하기 위한 노력이다. 그리고 정치외교학은 정치가 제대로 되고 있는지를 평가하고 개선책을 모색하기 위한 학문이다. 따라서 현실에서 나타나고 있는 문제점을 파악하고 이를 해결 또는 극복할 수 있는 대안을 찾아나가는 것이 정치외교학을 공부하는 사람들이 해야 할 일일 것이다. 그러기 위해서는 비판적 안목과 창의적 상상력이 있으면 좋을 것이다.

요약하자면, 정치외교학을 전공하기에 좋은 사람은 역사와 사회에 관심이 많고, 과학적, 논리적 사고의 능력과 비판적, 창의적 안목이 있는 사람이라고 할 수 있다. 그런데, 이런 것들을 태어날 때부터 모두 타고나는 사람은 거의 드물다. 우리나라 실정에 고등학교 교육을 모두 마칠 때까지도 이런 능력을 갖게 되기는 힘들다. 훈련과정이 제공되지 않기 때문이다.

오히려 이런 능력은 대학에서 노력을 통해 획득될 수 있다. 정치외교학과에서 배우는 과목들을 통해 우리는 역사 속에서 발견되는 인간의 풍부한 경험을 종합하고, 현실 사회에서 진행되고 있는 일들을 예리하게 관찰할 수 있는 능력을 키울 수 있다. 또한 사건과 사건, 현상과 현상의 연결고리를 냉철하게 분석하고, 국가와 사회, 집단과 개인이 나아가야 할 방향에 대한 비전을 세우고, 보다 나은 사회, 보다 나은 미래를 위해 우리가 해야 할 일이 무엇인지를 짚어내는 능력들도 습득할 수 있게 된다.

따라서 정치외교학과에는 적성이 맞는 사람, 소양이 다 갖추어진 사람만 들어올 수 있는 것이 아니다. 정치외교학과에서의 수학(修學)을 통해 필요한 적성과 소양을 만들어 갈 수 있는 것이다. 이미 다 만들어진 사람이 아닌, 앞으로 만들어질 수 있는 사람이면, 누구나 정치외교학과의 문을 두드릴 수 있다.

정치외교학은 정치를 평가하고 보다 나은 대안을 찾아가는 학문인만큼 역사와 사회에 많은 관심이 있고 비판적 안목과 상상력을 가진 사람들에게 유리하다. 하지만, 이러한 자질은 정치외교학과에 진학하여 얼마든지 기를 수 있다.

교수님이 추천하는 정치학 관련 책들

일반교양 서적 외에 정치외교학을 전공하기 전 꼭 읽어두면 좋은 책들이 많이 있다. 그중에서 각 대학교 정치외교학과 수업시간에 교재로도 많이 채택이 되었고, 중고등학생들도 쉽고 재미있게 읽을 수 있는 책을 몇 가지 소개하고자 한다.

〈파리대왕(Lord of Flies)〉 윌리엄 골딩

이 책은 십수 명의 소년들이 전쟁을 피해 비행기를 타고 가던 중 사고를 당해 무인도에 불시착하게 되면서 어른의 통제나 가이드 없이 자기들끼리 생존해 나가는 과정에서 생기는 일들을 다루고 있다. 권위를 가진 존재가 없을 경우 나타날 수 있는 무정부상태, 그것도 토마스 홉스가 묘사한 것과 같은 자연 상태가 어떤 것인지를 보여주는 작품이다. 노벨 문학상을 윌리엄 골딩에게 안겨주기도 한 이 소설은 영화로도 만들어졌다.

〈우리들의 일그러진 영웅〉 이문열

우리나라 소설 중에도 좋은 작품들이 많이 있지만, 이문열 선생의 〈우리들의 일그러진 영웅〉이라는 작품을 강력 추천한다. 시골 초등학교를 무대로 하고 있는 이 소설은 권력의 속성, 권력의 의력, 그리고 권력을 가진 자와 그렇지 못한 자의 상호관계를 적나라하게 드러내고 있는 탁월한 작품이다. 권력의 남용에 의한 폐해와 함께 권력이 정당하게 사용되었을 때의 긍정적 효과를 대조시키고 있기도 하다. 이 소설 역시 영화화되어 널리 알려지기도 했다.

〈동물농장〉, 〈1984년〉 조지 오웰

1917년 러시아 혁명 이후 소련의 정치 상황을 풍자한 소설로 혁명 이후 권력이 어떻게 타락할 수 있는지를 보여주는 수작(秀作)이다. 〈동물농장〉은 책 한 권의 분량이 채 안 되기 때문에 권력의 비대화가 수반하는 부작용을 그리고 있는 조지 오웰의 또 다른 유명한 소설 〈1984년〉과 같은 책에 묶여 있는 경우가 많다.

〈1984년〉은 과학기술과의 그릇된 결합을 통해 하나의 괴물이 되어가는 권력을 적나라하게 묘사함으로써 기술의 진보에 대한 낙관적 사고에 경종을 울린 바 있는 문제작이기도 하다. 이 두 작품은 정치외교학을 전공하는 학생이라면 반드시 읽어야 할 책이다.

정치외교학
여행을 위한 안내서

책을 많이 읽어라!

정치외교학과에 입학하기 전, 미리 준비해 두면 입학 후 많은 도움이 될 수 있는 것이 있다. 무엇보다도 다양한 장르의 책을 많이 읽는 것이다. 역사, 철학, 문학 관련 서적을 닥치는 대로 읽어두는 것이다. 관심이 있고 능력이 닿는다면 자연과학 서적도 읽어두면 좋다. 자연과학과 사회과학이 만나는 지점이 많이 있기 때문이다.

물론 책은 입학 후에도 읽어야 한다. 그렇지만 입학 전에 문(文), 사(史), 철(哲) 관련 책을 많이 읽어두면 더더욱 좋다. 역사는 인간 경험의 보고(寶庫)다. 철학은 논리적 사유와 규범적 반성의 결정이다. 문학작품은 어휘의 창고이자 상상력의 공장이다. 이러한 책들을 읽음으로써 지식도 늘뿐더러, 구사할 수 있는 어휘도 많아지고, 상상

대학 생활을 하면서 많은 양의 독서를 한다면 전공과목에 대한 이해의 깊이와 넓이가 한껏 커질 것이다.

력도 풍부해지며, 사고의 깊이가 그만큼 깊어지게 된다. 정치외교학 뿐만 아니라 어떤 학문을 공부하더라도 독서는 중요하다. 자연과학이나 공학, 예술을 전공하는 사람들도 대학 진학을 앞두고, 그리고 대학 생활을 하면서 많은 양의 독서를 한다면 전공과목에 대한 이해의 깊이와 넓이가 한껏 커질 것이다.

사회에 대한 관심, 신문 읽기는 필수!

대학 입학 전부터 정치에 대한 관심을 좀 더 키우고 싶다면, 신문을 많이 읽으라고 권한다. 특히 정치면과 경제면, 그리고 문화면, 사회면도 보고 칼럼과 사설은 매일같이 꼭 읽으라고 일러두고 싶다. 신문을 보는 훈련이 되어 있지 않으면 처음에는 내용이 머리에 잘 들어오질 않는다. 신문 특유의 문체에 익숙하지가 않고 신문에 보도되는 사건들의 내용과 관련되는 맥락을 잘 모르기 때문이다. 그러나 그런 단계를 꾹 참고 넘어가면 머지않아 신문을 대충 훑어만 보더라도 어떤 내용이 실려 있는지를 금방 알게 된다.

신문은 그 자체가 정보 덩어리다. 물론 기사 내용의 정확성은 확인이 돼야 하겠지만, 어쨌든 신문 보도는 우리에게 사실을 전달해 줄 뿐 아니라, 다른 사람들이 어떤 생각을 가지고 있는지도 우리에게 알려준다. 신문은 사실에 대한 지식의 축적, 논쟁이 되고 있는 쟁점의 파악, 그리고 이를 둘러싼 다

양한 입장에 대한 이해를 돕는 매우 유용한 매체인 것이다.

특히 정치외교학을 공부하고 싶은 사람들에게는 신문 읽기가 필수 사항이다. 정치외교학을 공부하는 것이 결국 현재 사람들이 어떤 모습으로 살아가고 있으며, 사회는 또 어떻게 돌아가고 있는지에 대한 이해를 위한 것이라고 한다면, 신문은 이러한 것들에 대한 가장 생생한 정보를 우리에게 전달해 줄 것이기 때문이다. 신문에서 접하는 여러 소식들을 우리가 정치외교학을 공부하면서 습득하게 되는 개념과 이론, 시각과 관점을 활용해 분석하고 종합할 때, 우리는 인간과 사회에 대한 통찰력을 키울 수 있으며, 이를 밑거름으로 하여 우리의 몸가짐과 마음가짐을 가다듬을 수 있게 되는 것이다.

국제정치학의 기본! 영어 실력

신문 읽기와 더불어 정치외교학을 공부하기 전에 미리 준비해 둘 것을 또 하나 권하자면, 영어 실력을 더욱 연마하라는 것이다. 물론 초중고등학교를 다니면서 우리나라 학생들은 영어를 오랜 기간 배우지만, 거기에 만족하지 말고 독해와 작문, 듣기와 말하기 실력을 한껏 향상시킨다면 대학 생활에서 유용하게 활용할 수 있는 기회가 많다. 무엇보다도 정치외교학을 전공하는 사람들은 외국의 문물에 대해 공부를 해야 할 때가 많다. 정치외교학의 중요부분이 세계 전체를 조망하는 국제정치학이요, 국가들 간의 공통점과 차이점을 분석하는 비교정치학이기 때문이다. 물론 우리나라에서 우리말로 출판되어 나오는 책,

논문, 보도문 등이 많이 있기 때문에 학습 자료가 절대적으로 적은 것은 아니지만, 우리가 좋든 싫든 영어는 전 세계적으로 널리 통용되고 있는 언어이기 때문에 자료의 풍부성이라는 점에서는 영어로 된 자료를 따라갈 길이 없다. 따라서 영어를 자유롭게 구사할 수 있는 사람이 접할 수 있는 정보와, 그렇지 못한 사람이 구해서 활용할 수 있는 정보는 양과 질 모두에 있어서 큰 차이가 날 수밖에 없다. 글로벌 시대를 살아가야 하는 오늘날의 젊은이들에게는 누구나 영어 실력이 중요하겠지만, 특히 정치외교학을 전공하는 사람들에게는 영어는 매우 중요하다. 왜냐하면 정치외교학이야말로 글로벌 시대의 트렌드를 면밀하게 관찰하며 부지런히 분석하고, 신중하게 미래의 추이를 전망해야 하는 학문이기 때문이다.

우리말 실력도 중요하다!

외국어를 잘하자면 무엇보다도 우리말을 잘해야 한다. 왜냐하면, 영어를 아무리 잘해도 우리말보다는 잘할 수 없기 때문이다. 영어 실력의 한계는 바로 우리말 실력의 수준이다. 우리말을 잘 못하면서 영어를 잘할 수는 없다. 영어는 어디까지나 우리에게는 외국어다. 외국어 실력이 아무리 출중한들, 모국어 실력을 추월할 수는 없다. 만일 영어 실력이 우리말 실력보다 더 뛰어나다면, 그 사람에게는 우리말이 모국어가 아니라 영어가 모국어인 것이다. 어렸을 때부터 영어권에서 성장해서 영어가 사실상의 모국어인 사람을 제외하면, 우리나라 대학

생들에게는 우리말이 모국어요, 영어는 어디
까지나 외국어다.

그런데 우리의 사고는 우리의 언어능력을 뛰어
넘을 수 없다. 우리가 어떤 생각을 할 때는 결국
언어의 틀 속에서 하기 때문이다. 우리는 우리가
알고 있는 개념의 범위 속에서 사고한다. 모든 추
상적 개념은 언어라는 형태로 우리의 두뇌 속에 저장되어 있다. 따라
서 언어적 표현으로 체화되어 있는 개념만이 우리의 사고 활동에 활
용되는 것이다. 그런데 모국어는 바로 모국어인 관계로 우리의 사고
활동을 지배한다. 우리가 생각을 할 때 일차적으로 활용되는 언어가
모국어인 것이다. 우리는 모국어로 언어화된 개념을 가지고 사고를
한다는 말이다. 그리고 외국어의 구사는 모국어에 의한 사고를 다시
전환시키는 작업을 통해 가능해지는 것이다. 따라서 외국어 실력은
모국어 실력을 넘어설 수 없다. 그렇다면 외국어 실력을 아주 높은 수
준으로 끌어올리기 위해서는 모국어 실력을 먼저 끌어올려야 한다.
그러기 위해서는, 책을 많이 읽어야 한다. 그것도 좋은 책을 읽어야 한
다. 풍부한 어휘와 심오한 사고, 폭넓은 지식을 담은 그런 책을 많이
읽어야 한다.

여기에 덧붙여 제2외국어 또는 가능하면 제3외국어도 공부해 두면 더
욱 좋다. 대학 입시 후 입학 전까지 대부분의 수험생들은 시간적 여유

를 갖게 된다. 이때 영어 이외의 또 하나의 외국어, 즉 중국어나 일본어 또는 독어, 불어, 스페인어 등 널리 쓰이는 언어를 한두 개 정도 더 해놓으면 후일 큰 도움이 될 것이다. 더욱이 요즘은 영어를 잘하는 사람들이 많기 때문에, 영어 이외의 외국어를 구사하는 능력을 갖춰놓으면 대학 졸업 후 어떤 일을 하더라도 남들에 비해 유리한 입지를 확보할 수 있을 것으로 본다.

책을 많이 읽어야 하는데, 그러기 위해서는
영어 실력을 꾸준히 연마해야 하고,
영어 실력이 늘기 위해서는 책을 많이 읽어야 한다.
빙글빙글 도는 이야기 같지만, 요점은 간단하다.
좋은 책도 많이 읽고 영어 공부도 열심히 하라는 것이다.

알짜 정보

교수님이 알려주는 영어공부 잘하는 법

영어공부를 할 때 염두에 두어야 할 점을 한 가지 일러두겠다. 많은 사람들이 우리나라 영어교육의 문제점을 지적하면서 '대학을 졸업해도 영어 한 마디 입도 벙긋 못하는 사람'에 대한 얘기를 많이 한다. 우리나라 사람들의 영어 회화 실력이 모자람을 개탄하는 말이다. 맞는 말이다. 10년을 넘게 영어를 배우고도 말 한 마디 못한다면, 문제가 아닐 수 없다. 그래서 대학시절 영어 회화 공부에 대한 이야기가 나오면 으레 따라 나오는 얘기 중 하나가 그래도 우리나라 학생들은 독해 실력만큼은 웬만하다는 것이다. 과연 그럴까?

우리나라 대학생들 중 영어권에서 나오는 소설 등의 문학작품은 물론이요, 신문이나 시사 잡지를 편하게 볼 수 있는 사람은 그다지 많지 않은 것 같다. 우리나라 학생들이 독해 실력은 있다고 말하는 것은 말하기 실력에 비하자면 읽기 실력이 낫다는 것이지, 그걸로 충분하다는 것은 절대 아니다.

부끄럽지만 나의 경험을 하나 소개하겠다. 우리나라에서 대학원 석사과정까지 마치고 미국 유학길에 올랐다. 유학을 가면서 듣기와 말하기가 걱정이었다. 독해는 큰 문제가 아닐 거라고 생각했다. 우리나라에서도 학부와 대학원에서 영어 원서로 수업을 받은 적이 꽤 있었고, 석사 논문을 쓰는 과정에서 영어로 쓰인 자료들을 많이 봤기 때문이었다. 아닌 게 아니라 처음에는 영어가 잘 들리지도 않았고, 말하기도 쉽지 않아 고생이 많았다. 사실은 지금도 고생을 하고 있다는 것이 솔직한 고백이다. 그렇지만 생각했던 것과는 달리 유학 기간 동안 나를 가장 괴롭게 한 것은 바로 독해였다. 미국 대학에서는 학부 과정에서도 마찬가지지만, 대학원 과정에서도 엄청난 분량의 독서를 요구한다. 수업시간마다 독서 과제물을 시간에 맞춰 읽어내는 것이 그렇게 힘들 수가 없었다. 많이 읽다보니, 작문실력은 따라서 느는 것 같았고, 듣기와 말하기도 시간이 지남에 따라 생활하기에는 큰 불편이 없어진 것 같다. 그리고 정 안 되면 말을 별로 안 하고 입을 다문 채 살 수 있는 노릇이기도 했다. 그렇지만 수업시간에 읽으라는 것을 읽지 않으면 수업시간에 오고가는 이야기를 알아들을 수가 없어 비싼 등록금을 내고 학교를 다니는 것이 의미가 없어져 버리기 때문에, 할당된 독서량이 아무리 많아도 무슨 수를 써서라도 읽어가지 않을 수 없었다. 그게 그렇게 힘들었던 것이다. 절대적으로 시간이 부족했기 때문에 잠을 줄이고 식사시간을 아껴가면서 시간을 쥐어짜지 않으면 안 되었다. 그래서 지금도 유학 준비를 하는 학생들에게 알려준다. 보통 영어를 할 때 어려운 순서가 말하기〉듣기〉쓰기〉읽기 순서라고 하지만, 나를 가장 힘들게 한 것의 순서로는 정확하게 그 반대, 즉 읽기〉쓰기〉듣기〉말하기 순서였다고. 즉, 영어 독해를 쉽게 생각하거나, 영어 읽기를 게을리 하지 말라는 것이다.

책을 많이 읽은 사람이 글도 잘 쓴다

공부는 책을 읽지 않고서는 할 수가 없다. 책은 다른 사람들이 많은 자료를 소화해서 깊이 생각한 것을 체계적으로 정리해 놓은 것이다. 책을 통해 우리는 정보도 얻지만 우리의 지적 사유의 수준이 그만큼 높아지게 된다. 책은 우리에게 지식을 전달해 주는 정보의 매개이기도 하지만, 새로운 지적 자극을 통해 심화된 사고를 하도록 하는 계기가 되기도 하고, 비판의 대상으로서 우리에게 지적 자극을 던져줄 수도 있다. 책을 읽었을 때와 책을 읽지 않았을 때, 우리의 지적 사유의 출발점은 큰 차이가 난다. 책을 읽지 않은 사람에게는 미지의 세계인 것이 책을 읽은 사람에게는 이미 상식의 세계일 수가 있다. 미지의 세계를 헤매는 사람과, 풍부한 상식을 자랑하는 사람의 생각의 수준이 같을 수는 없는 노릇이다. 그래서 책을 많이 읽는 것이 중요하다.

그런데 책을 많이 읽을 수 있기 위해서는 영어를 잘해야 한다. 왜 그럴까? 정치외교학과에서 공부를 하다 보면 아무래도 영어로 쓰인 책과 논문, 신문기사들을 읽어야 할 경우가 많기 때문이다. 물론 한글로 쓰인 자료들도 많이 있다. 그러나 그것으로는 한계가 있다. 일단 정보의 양이 적을 수 있고, 관점이 협소할 수도 있다. 우리말로 작성된 문헌에만 의존해서는 세상에서 벌어지고 있는 다양한 일들에 대한 충분한 정보를 접할 수 없으며, 세상의 다른 나라 사람들이 어떤 생각을 갖고 있는지를 알기가 어렵다. 학술서적만 하더라도 그렇다. 우리나라에는 정치학 박사가 약 1,500명 정도 된다. 우리나라도 적은 편은 아니지만, 미국에 비하면 10분의 1도 되지 않는다. 미국을 비롯한 각국의 정치학자들이 엄청난 양의 논문과 책으로 쏟아내는 영어로 된 연구결과를 우리말로 모두 번역하고 소개하는 것은 불가능한 일이다. 사정은 다른 분야에서도 마찬가지다. 다양한 분야에서 심화된 지식을 얻기 위해서는 영어 독해 능력은 필수적이다. 영어로 된 자료를 자유롭게 찾아서 읽을 수 있는 실력이라면 양질의 정보를 보다 많이 접할 수 있는 것이다.

풍부한 지식을 가지고 균형 잡힌 사고를 하기 위해서 좋은 책을 많이 읽어야 한다는 사실은 어쩌면 당연한 얘기다. 그런데 책을 읽음으로써 우리가 얻을 수 있는 것은 그것만이 아니다. 좋은 책을 많이 읽고, 좋은 글을 많이 접하면 이에 따라 글쓰기 솜씨도 향상된다. 책을 많이 읽는 사람이 글도 잘 쓴다는 것이 지금까지 내가 관찰한 바다. 물론 글 쓰는 재주를 타고나는 사람도 있다. 하지만 천재적 문필가가 아닌 이상 글 솜씨는 독서량에 비례한다는 것이 나의 믿음이다.

여기서 내 경험을 잠깐 소개하겠다. 대학생 시절 전공 수업시간에 교수님께서 리포트 숙제를 내주셨다. 그런데 그 숙제를 하기 전 우연히 최인훈 선생의 소설을 읽게 되었다. 내 기억으로는 〈소설가 구보씨(丘甫氏)의 1일〉을 비롯해 몇 편을 읽었던 것 같다. 그리고 나서 리포트를 쓰는데, 나도 모르게 내 글이 최인훈 선생을 흉내 내는 듯한 문체로 되어가는 것을 느끼고서는 나 스스로 신기해하면서 재미있어 하기도 했다. 최인훈 선생의 소설이 워낙 흥미로웠고, 또 그 문체의 매력이 내 뇌리에 강렬하게 각인되었던 결과였으리라 생각된다. 무슨 말인고 하니, 우리가 읽은 글들은 알게 모르게 우리의 의식 속에 녹아들어 우리의 문장력으로 축적되고 그것이 나중에 글로 쓸 때 절로 배어 나오게 된다는 것이다.

영어로 글을 쓰는 데 있어서도 이와 비슷한 경험이 있다. 미국에서 박사과정

정치외교학
여행을 위한 안내서

을 밟으면서 학위논문을 쓰는 기간 동안에 미국의 유수한 일간지 중의 하나인 〈뉴욕타임스〉를 장기 구독해서 매일 꾸준히 읽은 적이 있다. 전적으로 나의 생각이지만, 우리가 그나마 손쉽게 구할 수 있는 영문으로 발행되는 많은 신문들 가운데 〈뉴욕타임스〉는 신

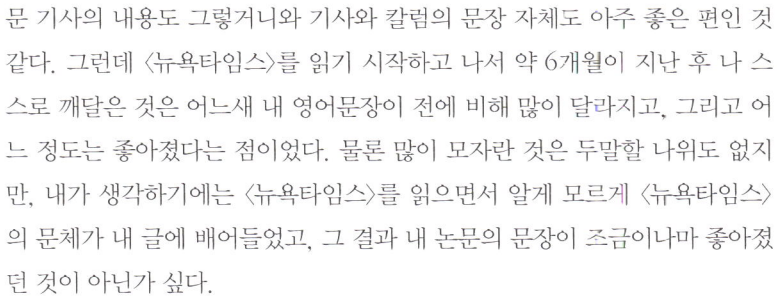

문 기사의 내용도 그렇거니와 기사와 칼럼의 문장 자체도 아주 좋은 편인 것 같다. 그런데 〈뉴욕타임스〉를 읽기 시작하고 나서 약 6개월이 지난 후 나 스스로 깨달은 것은 어느새 내 영어문장이 전에 비해 많이 달라지고, 그리고 어느 정도는 좋아졌다는 점이었다. 물론 많이 모자란 것은 두말할 나위도 없지만, 내가 생각하기에는 〈뉴욕타임스〉를 읽으면서 알게 모르게 〈뉴욕타임스〉의 문체가 내 글에 배어들었고, 그 결과 내 논문의 문장이 조금이나마 좋아졌던 것이 아닌가 싶다.

이런 경험들을 겪으면서 나는 문장력이라는 것이 결국 어떤 글을 얼마나 많이 읽었는가에 따라 많이 좌우된다는 생각을 갖게 됐다. 그래서 학생들에게 늘 권한다. 좋은 글을 많이 읽으라고. 그리고 한 가지 더 권하는 것이 있다면, 영어로 쓰인 글도 좋은 걸로 골라 많이 읽으라는 것이다. 그래서 나는 내 수업을 듣는 학생들에게 〈뉴욕타임스〉를 읽으라고 일러준다. 앞서 말했듯이 〈뉴욕타임스〉는 내용과 문장이 모두 좋은 신문에 속하기 때문이다. 우리나라에서 〈뉴욕타임스〉를 읽기 위해서는 요금을 지불하고 신문을 구독할 필요가 없다.

〈뉴욕타임스〉 인터넷판은 무료로 다운받아 볼 수 있기 때문이다. 〈뉴욕타임스〉는 굉장히 두꺼운 신문이다. 그래서 전체를 다 읽기란 어려운 일이다. 아마 미국인들 가운데서도 〈뉴욕타임스〉 기사를 매일같이 모두 읽는 사람은 많지 않으리라 본다. 그리고 다 읽을 수도, 다 읽을 필요도 없다. 다양한 기사중 관심이 가는 기사 몇 개만이라도 몇 달을 꾸준히 읽으면 영어실력의 향상은 물론이요, 시사문제에 대해서도 박식해질 수 있을 것이다. 〈뉴욕타임스〉의 기사 내용 중에는 물론 미국 관련 기사가 제일 많지만, 우리의 관심을 끌기에 충분한 국제 관련 기사가 많이 있고, 동아시아와 한국 관련 기사도 종종눈에 띈다. 정치, 경제, 사회는 물론이요, 스포츠, 예술, 패션, 과학 등에 관한읽을거리도 많고 읽어두면 도움이 될 좋은 칼럼도 많이 실리기 때문에 하루에 한두 시간 정도 할애해서 꾸준히 〈뉴욕타임스〉를 읽어나가면 적지 않은성과를 거둘 수 있으리라 생각된다.

정치외교학
여행을 위한 안내서

1. 우리는 모두 정치를 하고 있다?

2. 정치외교학은 어떤 학문일까?

3. 한눈에 보는 정치외교학의 역사

4. 윤리성과 과학성, 두 마리 토끼를 잡아라!

교수님과 함께 떠나는
정치외교학 여행

우리는 모두 정치를 하고 있다?

정치란 무엇인가에 대한 질문에는 여러 가지의 대답이 있을 수 있다. 정치를 부정적으로 보는 관점에서 내리는 정의도 있고, 긍정적인 시각에서 의미를 규정할 수도 있다.

정치를 부정적 관점에서 보는 경우, 정치는 대체로 '권력투쟁'과 동일시된다. 이때의 정치란 권력의 획득, 유지, 강화, 사용과 관련된 제반 갈등을 가리킨다.

그렇지만 정치는 긍정적인 관점에서 파악되기도 한다. 이때 정치는 사람들 사이 또는 집단들 간의 '이해관계의 조정'을 의미하거나, 더 나아가 사회 구성원 모두가 필요로 하는 '공공재의 제공'을 뜻하는 것으로 이해된다.

이처럼 정치를 긍정적 의미와 부정적 의미로 나누어 볼 수 있긴 하지만, 사실 정치의 의미를 그렇게 간단하고 명쾌하게 파악하기는 쉽지 않다. 왜냐하면 권력과 관련된 인간들의 상호작용에는 추한 모습이

교수님과 함께 떠나는
정치외교학 여행

드러나는 것이 사실이지만, 권력을 둘러싼 갈등이 무조건 나쁜 것만
은 아니기 때문이다. 또한 긍정적 의미에서의 정치현상으로 인식되는
이해관계의 조정이나 공공재의 제공에도 권력의 작용이 반드시 개재
되기 때문이다. 자, 정치의 의미를 좀 더 자세히 살펴보자.

부정적 의미의 정치 – 권력투쟁

어떤 사람을 가리켜 "그 사람은 너무 정치적이야"라고 할 때, 우리는
그 사람이 매우 권력지향적인 성품을 가졌다는 것을 뜻할 때가 많다.
자신의 직장에서, 동창회에서, 교회에서, 또는 친목단체나 사회단체
등에서 감투를 쓰거나 힘 있는 자리를 차지하려고 열심히 뛰는 사람
들을 가리켜 우리는 '정치적'이라는 표현을 쓰는 것이다.

여기에서 '정치적'이라는 말은 어떤 사람이 속한 집단 또는 조직 내에
서의 언행과 행동을 묘사하는 수식어로 그다지 긍정적인 의미로 사용
되고 있지 않다. 이런 식의 용법은 특정 개인이 그 조직 내에서 보다
높은 자리에 올라가기 위해 힘을 가진 사람에게 의도적으로 접근하거
나, 아니면 조직 구성원들 간의 역학관
계를 이용해 자신의 지위를 높이려는
사람의 행동을 일컫는다. 결국 조직 또는
집단 내에서 개인의 목적을 이루기 위해 주
변의 인물들을 이용하거나 배척하는 행위
를 적극적으로 하는 사람들을 가리켜 우리는

정치적인 사람이라고 부르는 것이다.

이러한 권력현상, 즉 남들보다 더 높은 자리, 더 많은 명예, 그리고 보다 많은 권력을 향유하고 행사하고자 하는 인간들의 행위는 동서고금을 막론하고 인간 사회 어느 곳에서나 발견된다. 그리고 인간들 사이의 지배와 복종의 권력 관계 또한 정도의 차이는 있겠지만 국가의 영역뿐만 아니라 어느 조직체, 어느 집단에서도 발견된다. 그것이 기업이건, 친구들 사이건, 가족 관계에서건 마찬가지다.

그런데 역사 속에서, 권력을 쟁취하거나 지키기 위해 정적을 모함하고, 파멸시키고, 심지어는 죽음에 이르기까지 하는 일을 서슴지 않는 예를 많이 봤다. 때문에 권력투쟁은 음모와 비리, 그리고 피비린내를 연상시킨다. 이런 잔혹한 투쟁의 이유가 남들보다 더 큰 권력을 쥐기 위한 것이고, 권력을 추구하는 목적이 개인의 영위를 위해서라고 한다면, 권력투쟁이란 결코 아름다운 것이 될 수 없다.

물론 현대 민주사회에서는 권력투쟁이 타인의 목숨을 앗아가거나 개인을 완전히 파멸시킬 정도의 파괴적 결과를 낳지 않도록 많은 제도적 장치가 마련되어 있어 과거에 비해서는 권력투쟁의 양상이 현저히 순화된 것은 사실이다. 그럼에도 불구하고 아직도 정치는 권력에 눈이 먼 사람들의 물불 안 가리는 싸움 정도로 치부되는 경우가 많다. 만일 권력투쟁이 정치의 모든 것이라

고 한다면, 정치에 대한 부정적인 인식은 불가피할 뿐 아니라, 당연할 수밖에 없다. 그렇다면 권력은 과연 무엇인가? 권력을 향한 싸움은 반드시 나쁘기만 한 것일까?

정치는 권력투쟁이기도 하다.
권력을 차지하기 위한 경쟁은 동서고금을 막론하고
모든 사회에서 나타나는 현상이다.

권력이란 무엇일까?

경제의 영역에서는 화폐가 개인과 개인의 상호작용을 매개하지만, 정치의 영역에서는 권력이 사람들 간의 관계를 매개한다. 권력이란 정치 영역에서의 통화(通貨)에 해당된다고 볼 수 있다.

권력의 의미에 대한 정의는 다양하다. 영국의 버트런드 러셀 경은 권력이란 '의도하는 결과를 생산할 수 있는 능력' 이라고 하였으며, 미국의 정치학자 로버트 달은 '결과의 가능성을 변화시킬 수 있는 능력' 이라고 했다. 한편 미국의 또 다른 정치학자인 해럴드 라스웰은 '가치의 보상과 박탈을 규정하는 결정에의 참여' 가 곧 권력의 행사라고 보았으며, 독일의 사회학자 막스 베버는 권력을 '자기 의사를 관철시킬 수 있는 모든 가능성' 으로 정의하고 있다. 또한 미국의 국제정치학자 한스 모겐소는 '타인의 마음과 행동을 통제할 수 있는 능력' 이 곧 권력이라고 보았다.

권력이라는 말은 이처럼 다양한 표현으로 풀이되고 있지만 이를 종합하면 결국 '가치의 보상과 박탈 능력을 활용하여 타인의 행동양식을 통제할 수 있는 능력'이라고 할 수 있을 것이다.

그런데 권력의 행사가 이와 같이 명시적으로 이루어질 수도 있지만, 때로는 매우 은밀하게, 눈에 띄지 않게 이루어지는 경우도 있다. 타인으로 하여금 특정 행동을 하는 것 외에는 선택의 여지가 없도록 상황을 만들어서 타인의 행동을 자신이 원하는 방향으로 유도할 수가 있는 것이다. 때로는 무엇이 선한 행동이고 무엇이 악한 행동인지에 대한 가치관의 형성에 영향을 미침으로써 사람들로 하여금 '선한 행동'이라고 생각되는 행위를 하도록 만들 수도 있다. 예를 들면 권위에의 무조건적 복종이 지고지선(至高至善)의 가치인 것으로 여기도록 '의식화' 시키는 경우도 있고, 특정 정치지도자에 대한 맹목적 충성이 미덕인 것으로 세뇌를 시키는 경우도 있다. 이와 같이 인식과 관념의 조작을 통한 은밀한 영향력의 행사도 가능한 것이다.

권력이란 '타인의 의식과 행동에 영향을 미침으로써 자신이 의도하는 결과가 나타나도록 하는 능력'이라고 할 수 있을 것이다.

요즘 들어 소프트 파워(soft power)라는 말도 자주 쓴다. 이는 미국의 국제정치학자 조지프 나이에 의해 널리 사용되기 시작한 말이다. 이 말은 군사력이나 경제력과 같은 이른바 하드 파워(hard power)에 대비되는 개념이다. 미국은 영화와 팝송과 같은 대중문화, 미국인들의

교수님과 함께 떠나는
정치외교학 여행

삶의 질과 생활양식, 미국이 대변하는 자유과 인권의 가치관 등이 갖는 매력을 활용해 다른 나라에게 영향력을 행사하는 바가 크다. 말하자면 강제력이나 은연중의 조작이 아니라 하나의 범례를 보임으로써 자발적 동의를 이끌어내는 방식의 힘을 말하는 것이다.

따라서 권력의 의미는 생각보다 복잡하다. 굳이 다시 정의를 내리자면 권력이란 '타인의 의식과 행동에 영향을 미침으로써 자신이 의도하는 결과가 나타나도록 하는 능력'이라고 할 수 있을 것이다.

타인의 의식과 행동에 영향을 미치는 방법으로는 앞서 말한 것처럼 여러 가지가 있다. 강제력의 행사, 보상의 제공, 설득, 협박, 조작, 가치관과 규범의 주입 등이 그것이다. 이러한 여러 가지 방법을 통해 사람들은 타인의 행동에 영향을 미치고, 자신에게 유리한 상황이 형성되도록 하기 위해 애쓴다. 사람들은 타인의 행동에 영향을 미칠 수 있는 능력을 가지게 되면, 이를 행사하려고 하고, 과시하려고 하고, 또 더 많이 축적하려고 한다. 이런 것들이 곧 권력현상인 것이다.

권력은 타인의 행동에 영향을 미쳐
자신에게 유리한 방향으로 상황을 이끌 수 있는 능력이다.
결국 이러한 권력 자원을 보다 많이 가지고 또 이를 사용하려는
욕망의 발현, 즉 권력현상이 곧 정치현상의 핵심을 차지한다.

목적으로서의 권력, 수단으로서의 권력

권력은 한편으로는 수단이면서, 또 한편으로는 목적이기도 하다. 권력을 많이 가진 것 그 자체가 명예일 뿐만 아니라, 권력을 장악하면 이에 수반되어 여러 가지 이익과 특권이 따라오기 때문에 권력을 획득하는 것 그 자체가 목적이 되는 것이다.

권력 자체가 목적이 되는 이유는 또 있다. 그것은 인간이 태어날 때부터 '권력욕'이라고 하는 본능을 가지고 태어나기 때문이다. 인간이면 누구나 식욕을 채우고자 하는 본능을 갖고 있듯이, 모든 인간은 권력에 대한 욕구를 충족시키고자 하는 본능을 갖고 있다는 것이다. 니체는 이를 가리켜 '권력에의 의지(will to power)'라고 말했다. 권력을 갖고자 하는 욕망이 인간의 본능이라면, 권력을 추구하는 이유 또한 따로 있을 필요가 없다. 권력에의 의지는 바로 배고픔을 잊고자 하는 것처럼 인간의 본능적 행동이기 때문이다. 그런 의미에서 권력은 인간 행동의 목적 자체가 되기도 한다.

한편 권력을 가졌다는 것은 곧 타인의 행동을 제약하고 특정 방향으로 유도할 수 있는 능력을 가진 것이기 때문에, 보다 더 큰 명예, 보다 더 많은 부, 보다 더 큰 권력을 차지하기 위해 자신이 갖고 있는 권력을 활용할 수 있는 것이다. 따라서 권력은 명예의 획득이나 부의 축적과 같은 사람들의 목표를 달성시켜 주는 수단이 된다.

여기에서 중요한 문제가 하나 생긴다. 만일 권력이 부와 명예 등과 같이 사람들이 모두 갖고 싶어 하는 것들을 다 가져다줄 수 있는 것이라

면, 결국 권력을 차지한 자가 세상의 부귀영화를 모두 가질 수 있게 될 것이다. 아닌 게 아니라 권력을 잡음으로써 부와 명예를 모두 거머쥐는 경우를 우리는 셀 수 없이 많이 봐왔다. 거꾸로 부를 많이 갖고 있는 사람이 자신의 부를 이용해 권력을 장악하는 경우도 심심치 않게 눈에 띈다. 일상적인 수준에서 이야기하자면 '무전유죄, 유전무죄(無錢有罪, 有錢無罪)'라는 항간의 이야기도 바로 이러한 현실을 풍자하는 말일 것이다. 돈이 있으면 잘못을 저지르고도 처벌을 받지 않을 수 있는 능력을 발휘할 수 있다는 얘기이니, 돈이면 권력의 행사에도 영향을 미칠 수 있다는 얘기가 되는 것이다.

반면 권력은 가졌으되, 그것이 곧 부와 명예의 획득으로 반드시 이어지지 않는 경우도 종종 있다. 권력자가 모두 부자인 것은 아니며, 반대로 부자라고 해서 모두 권력을 움켜쥘 수 있는 것도 아니다.

그렇다면 권력과 부의 관계는 어떠한 것인가? 한때 미국에서는 이 문제를 놓고 치열한 논쟁이 벌어졌다. 일각에서는 미국은 전형적인 자본주의 국가인 만큼, 자본가의 입김이 정치를 좌우한다고 본다. 기본적으로 자본의 논리가 정치를 결정한다고 보는 이 시각을 옹호하는 사람들은 미국사회에는 일반 대중과 유리된 채 존재하는 엘리트 계층이 존재하며, 이들이 미국사회 각 분야를 지배하고 있다고 주장한다. 이

들의 주장은 엘리트 이론이라고 불린다.

이와는 달리 미국사회에서는 엘리트와 대중 사이의 경계보다는 사회 각 분야 간의 구분이 더 뚜렷하다고 보는 시각도 있다. 즉 정계, 재계, 학계, 종교계, 문화계의 엘리트들은 자기 분야에서는 엘리트이지만, 다른 분야에서는 별다른 영향력을 행사하지 못한다고 보는 다원주의 시각이 그것이다. 하나의 예를 들어 다원주의를 설명해 보도록 하겠다. 미국에는 한동안 청소년들의 우상이 되었던 농구선수가 있었다. 바로 '농구의 황제'라고 불리던 마이클 조던이다. 이 선수는 시카고의 프로 농구 팀인 '불스'의 핵심 주전 멤버로 미국 NBA 경기에서 수차례의 팀 우승을 견인한 그야말로 농구의 신(神)이었다. 그런데 어느 날 이 선수는 개인적인 이유로 농구를 떠나 어렸을 때부터 해보고 싶었던 야구에 입문을 하게 된다. 농구로 입신(入神)의 경지에 이르렀으니 마이클 조던의 운동선수로서의 능력은 의심할 나위가 없었다. 그럼에도 불구하고 많은 사람들이 마이클 조던의 야구선수로서의 성공 가능성에 회의를 품었다. 아니나 다를까, 마이클 조던은 많은 노력을 기울였음에도 불구하고 메이저리그는커녕 마이너리그에서도 초라한 성적에 머무르고 말았다. 농구계에서 황제로 군림하던 마이클 조던도, 야구계에서는 철저한 마이너리거에 불과했던 것이다. 야구에서 원하던 성과를 올리지 못하던 그는 결국 2년 만에 농구로 복귀해 다시 시카고 팀의

제2의 전성기를 이끌게 된다.

다원주의자들에 의하면 미국사회도 바로 이와 같다고 한다. 농구의 황제라고 해서 야구를 잘하는 것이 아닌 것처럼, 정치권력을 가졌다고 해서 그것이 곧 부의 획득을 보장해 주는 것이 아니며, 거대한 부를 소유하고 있다고 해서 정치적 영향력이 확보되는 것도 아니라는 것이다. 사실 모든 나라에서 권력이 부와 명예와 같은 다른 사회적 가치를 획득하는 데 사용될 수 있는 여지를 차단하기 위한 장치가 마련되어 있기는 하다. 공직생활 동안의 재산 변동 추이를 면밀히 추적하여 공직을 이용한 부의 증식을 원천적으로 봉쇄하기 위해 도입한 공직자 재산등록 시스템이 그 예다. 마찬가지로 부가 정치권력으로 전환되는 가능성을 차단하기 위한 노력도 경주하고 있다. 선거공영제를 운영해 후보 간의 경제력의 차이가 선거 결과의 차이로 직결되지 않도록 하는 것이 바로 그 예가 될 수 있다.

그럼에도 불구하고 우리는 정치권력을 가진 자가 사회의 다른 가치의 배분을 좌지우지할 수 있는 영향력을 발휘하는 것을 많이 본다. 부를 많이 가진 자가 보통 사람들보다 정치적으로 더 큰 영향력을 행사하리라는 것도 우리는 직관적으로 알 수 있다. 그래서 권력과 부는 다른 가치로 쉽게 전환될 수 있는 '포괄적 가치'로서의 성격을 갖고 있다고 할 수 있다. 문제는 권력의 '포괄성'이 커지면 커질수록, 모든 것을 가질 수 있는 개연성이 커지면 커질수록 권력을 갖기 위한 싸움은 더욱 치열해질 것이다. 싸움이 가열되면 될수록 그 싸움은 수단과 방법을 가리지 않는 더러운 싸움이 될 공산이 크다.

따라서 권력의 포괄성이 커지면 안 된다. 결국 깨끗한 정치, 공정한 정치를 구현하고 정치의 선진화를 이룬다는 것은 권력이 부를 가져다주거나 부가 권력을 가져다줄 수 있는 여지를 얼마나 줄이는가에 달려 있다고 할 수 있다.

권력의 소유가 곧 부와 명예와 같은 다른 가치의 소유를 보장해 준다면, 권력을 향한 싸움은 과열될 가능성이 높다. 따라서 정치의 타락을 막기 위해서는 권력을 이용해 다른 가치를 차지할 수 있는 개연성을 낮추려는 노력이 필요하다.

권력투쟁의 모습들

한편 권력은 상대적인 것이다. 내가 권력을 어느 정도 갖고 있더라도, 나보다 더 큰 권력, 더 강한 권력 앞에서는 나의 작은 권력은 별다른 의미가 없는 것이 되어버리고 만다. 따라서 내가 가진 권력이 남이 가진 권력보다 더 큰 것일 때 나의 권력이 의미를 가지게 된다. 그래서 사람들은 보다 많은 권력을 차지하기 위해 경쟁을 하게 되고, 자신이 가진 권력을 빼앗기지 않으려고 하며, 남이 가진 권력을 내 것으로 만들기 위해 애를 쓴다. 그래서 권력투쟁이 발생하는 것이다.

권력투쟁은 크게 두 가지 차원에서 이루어진다. '수평적' 투쟁과 '수

직적' 투쟁이 그것이다. 수평적 투쟁은 개인 대 개인, 집단 대 집단, 계층 대 계층 사이에서 상대방에 비해 보다 많은 권력을 획득하려는 데서 발생하는 투쟁이다. 국회의원 자리를 둔 후보들 간의 각축, 장군이 되기 위한 경쟁, 사장 자리에 앉기 위한 경합 등이 개인 대 개인의 권력투쟁이라고 한다면, 인종 간의 투쟁, 지역 간의 마찰, 계급 간의 갈등 등이 집단 대 집단 또는 계층 대 계층 사이의 권력투쟁이라 할 수 있을 것이다.

수직적 투쟁은 권력을 가진 자와 가지지 않은 자, 또는 지배자와 피지배자 사이에서 벌어지는 투쟁을 의미한다. 권력은 일반적으로 권력을 장악한 특정 집단, 당파, 계층의 이익에 봉사할 개연성이 크기 때문에 권력에서 소외된 집단, 당파, 계층은 권력을 향한 투쟁을 벌이게 된다. 권력을 향유하는 자와 그렇지 못한 자의 투쟁, 지배자와 피지배자의 투쟁, 통치하는 지배조직과 이에 저항하는 시민들 사이의 투쟁은 어디서나 있게 마련인 것이다.

나아가 권력을 가진 자는 소수일 수밖에 없다. 권력이란 다수가 공유할 수 있는 것이 아니기 때문이다. 설령 어떤 한 집단이 그 사회에서 권력을 장악했다 하더라도 그 집단 내에서 실질적인 권력을 장악하는 것은 소수이며, 그 결과 지배계층 내에서도 권력을 가진 소수에 포함되기 위한 투쟁이 발생한다.

권력투쟁은 크게 두 가지 차원에서 이루어진다. '수평적' 투쟁과 '수직적' 투쟁이 그것이다.

이러한 권력현상은 사실 인간이 둘 이상 존재하는 곳, 인간이 집단을 이루고 있는 곳이면 어디에서나 발견된다. 따라서 권력현상으로서의 정치현상은 인간사회의 모든 곳에서 광범위하게 존재한다고 할 수 있다.

그렇다면 이처럼 인간사회 도처에서 나타나는 권력현상은 본질적으로 나쁜 것인가? 권력은 항상 남을 억누르고 나의 이익을 챙기기 위해 사용되는가? 그래서 권력현상으로서의 정치현상은 추악한 것으로 인식해 마땅한 것인가?

권력은 상대적인 것이기 때문에 사람들은 권력을 보다 더 많이 갖기 위해 노력하며 이 과정에서 충돌이 일어난다. 권력의 충돌이 일어나고 또 그것이 해소되는 과정이 바로 권력투쟁으로서의 정치다.

권력 순화를 위한 노력, 권력 분산

만일 권력이 누군가에게 독점되어 자의적으로 사용된다면 권력은 속성상 타락하기 쉽다. '모든 권력은 부패하고, 절대 권력은 절대적으로 부패한다'라는 말이 있는 것처럼, 권력은 사용하기에 따라 큰 해악을 끼칠 수 있다. 남을 억압하고, 자신의 사적 이익을 극대화하기 위한 방편으로만 권력을 사용하면, 이는 타락한 권력이 된다.

반면 사회적 갈등을 조정하고 공익을 구현하기 위한 수단으로 권력이

사용된다면, 이는 권력의 올바른 사용이 될 것이다. 이와 같은 경우의 권력현상은 나쁘게만 볼 것이 아니다. 문제는 권력이 올바르게 사용될 수 있도록 여러 가지 장치를 만드는 것이다.

무엇보다도 권력이 지나치게 집중되어서는 안 된다. 권력의 독점은 권력의 남용에 대한 강한 유혹을 불러일으킬 것이기 때문이다. 따라서 권력은 적절히 분산되어야 한다. 그리고 분산된 권력 간의 적절한 견제와 균형이 이루어져야 한다.

입법, 행정, 사법을 나누어 놓은 삼권분립이 바로 권력 분산을 제도화시키고 있는 좋은 예다. 중앙정부의 권한을 제한하고 지방정부에게 많은 재량권을 주고 있는 연방제나 지방자치제도 제도화된 권력 분산의 또 다른 예다.

이와 같이 권력이 분산되고, 권력의 획득과 유지, 사용이 정해진 제도적 틀 속에서 합법적 절차에 따라 이루어진다면, 권력의 집중과 남용에 의한 폐해는 상당 부분 방지될 수 있다. 물론 그러한 제도적 장치로도 미처 제어하지 못하는 권력의 타락현상이 발생할 개연성은 항상 있다. 하지만 선진 민주사회에서는 언론의 영향력, 시민사회의 감시 기능 등이 발달되어 있어 그러한 개연성도 최소화시키려는 노력이 경주되고 있으며, 그러한 노력은 상당한 성과를 거두고 있다.

결국 중요한 것은 권력을 제한하고 권력투쟁을 순화시킴으로써 권력이 사적 이익의 추구를 위한 수단으로 전락하지 않게 하는 것, 오히려 권력이 공익 구현의 수단으로 활용되어 사회 전체의 후생을 증가시키는 데 기여할 수 있도록 하는 것이라 하겠다.

그렇다면 순화된 권력은 어떻게 공익의 구현에 기여할 수 있는가?

권력의 타락을 막기 위해서는
권력의 분산이 필요하다. 궁극적으로는 권력이
일부 개인들의 사적 이익이 아닌 공익의 구현에 사용되도록
유도하는 것이 필요하다.

긍정적 의미의 정치 I – 이해관계의 조정

사람들 사이에서는 서로의 이해관계가 충돌하여 갈등이 빚어지는 경우가 종종 있다. 우리 주변의 생활을 돌아보더라도 개인들 간의 분쟁의 예는 쉽게 찾아볼 수 있다. 이웃 간에 싸움이 일어나기도 하고, 동업자들 사이에 불화가 생기기도 하는가 하면, 친구가 서로 다투는 경우도 있으며, 심지어는 가족들끼리 갈등하는 경우도 없지 않다.

주차, 소음, 쓰레기, 금전관계, 이성문제 등으로 인해 개인들 사이에 분쟁이 생기는 경우 때로는 당사자 간의 타협을 통해서, 때로는 제3자의 중재를 통해서, 그리고 때로는 법의 판단에 의지해서 시시비비를 가리게 된다.

영국의 유명한 철학자이자 문필가인 버트런드 러셀
경은 인간이란 존재는 세 가지 싸움을 수행한다고
했다. 인간과 자연과의 싸움, 인간과 인
간과의 싸움, 인간 그 자신과의 투쟁이 그것
이다. 이 중 인간과 자연과의 싸움은 자연
과학의 영역이다. 자연의 섭리를 이해하고
주어진 자연환경에 적응하거나 이를 이용해 인간의 생존과 발전을 도
모하는 방법을 찾아나가는 것이 곧 자연과학의 주된 과제인 것이다.

한편 인간 그 자신과의 투쟁은 종교의 영역에 속한다. 탄생과 죽음에
대한, 그리고 인간으로서의 삶의 의미가 무엇인지에 대한 치열한 존
재론적 성찰이 곧 종교 생활을 구성하게 된다. 마지막으로 인간과 인
간의 싸움은 정치의 영역이다. 인간들 간의 싸움은 물론 개인들 간의
다툼, 집단 간의 갈등, 국가 간의 전쟁 등을 모두 포함하는 말이다(〈정
치학〉 이극찬, 법문사).

그렇다면 인간과 인간의 싸움은 왜 일어나는 것일까? 인간들은 여러
가지 이유로 서로 싸우고 대립한다. 자신이 옳다고 믿는 신념을 관철
하기 위해, 자신이 좋아하고 아끼는 사람을 보호하기 위해, 자존심을
지키기 위해, 그냥 상대방이 싫어서, 아니면 충동적인 격정에 휩싸여
싸우기도 한다. 그러나 인간들의 싸움은 무엇보다도 욕망의 무한성과
자원의 유한성에서 비롯되는 바가 크다.

인간의 욕구는 무한하지만, 욕구 충족을 위해 사용할 수 있는 자원은

제한되어 있다. 따라서 희소자원의 획득을 둘러싼 투쟁이 벌어지게 되는 것이다. 만일 이러한 갈등을 조정하고 해소할 수 있는 아무런 제도적 장치와 외적 권위가 없다면, 우리 사회는 대립과 투쟁으로 점철된 혼란 속으로 빠져들고 말 것이다.

미국의 저명한 정치학자 해럴드 라스웰은 정치를 "누가, 무엇을, 언제, 어떻게 획득하는가?"의 문제로 파악하고 있다. 또 다른 미국의 정치학자인 데이비드 이스턴은 정치를 일컬어 "사회적 가치의 권위적 배분"이라고 정의하고 있다. 정치는 무엇보다도 무한한 욕구를 가진 인간들 사이에서 희소한 자원을 배분하는 과정인데, 그 과정이 누구에게나 '권위'를 인정받고 정당성이 부여될 수 있어야 한다는 것이다. 많은 사람들이 희구하는 자원의 배분이 때로는 누구나 공감하고 인정하는 공정한 규칙과 기준에 따라 이루어지는 경우도 있지만, 때로는 수용하기 어려운 절차에 따라 이루어지고, 납득할 수 없는 결과를 낳을 때도 있다.

투명하고 정당한 절차에 따라 이루어져 사회의 재생산에 긍정적 효과를 수반하는 배분을 시행함으로써 공익을 구현하는 것이 바로 정치의 본래적 역할이다. 반면 자원의 배분과정에서 공공의 이익은 젖혀두고 사적인 이익만을 좇아 행동하는 개인의 욕심이 개재된다면, 이때 정치는 부정으로 얼룩지게 된다. 많은 사람들이 갖고 있는 정치에 대한

부정적 이미지는 이처럼 일탈적인 정치행위에서 비롯되는 것이다. 정치 자체가 나쁜 것이 아니라, 정치를 제대로 하지 못하는 것이 나쁜 것이다.

> 턱없이 부족한 자원에 비해 무한하기만 한 인간의 욕망은 대립과 갈등, 투쟁을 불러일으키는 주된 요인이다. 그리고 이러한 갈등을 해결하며 자원을 정당한 절차에 의거해 공정하게 배분하는 것이 바로 정치의 역할이다.

긍정적 의미의 정치 II – 공공재의 제공

정치(politics)란 말의 어원은 원래 고대 그리스의 도시국가 폴리스(polis)에서 비롯됐다고 한다. 정치란 폴리스의 업무, 즉 국가의 일이라는 것이다. 이런 관점에서 보면 정치는 국가의 통치행위와 밀접한 관련을 갖는다. 이런 의미에서 정치는 '국가현상'으로 정의되기도 한다. 정치를 '국가현상'으로 정의할 때 이는 크게 두 가지를 의미한다. 하나는 정치를 '권력현상'과 동일시하지 않는다는 뜻이다. 인간사회의 다양한 수준에서 발생하는 권력현상 중 특히 국가 수준에서 전개되는 권력현상이 바로 정치현상이라는 뜻이다. 친구들 사이에, 가족 관계 속에서, 그리고 일반 기업체나 친목 단체에서도 권력현상이 항상 진행되고 있지만, 이러한 것들은 정치의 범주에 넣지 않는다는 것을 의미한다. 사회구성원 모두에게 영향을 미치는 국가 수준의 권력현상만 정치에 해당한다는 정치에 대한 협의의 해석이다.

정치를 '국가현상'이라고 했을 때 한편 이는 또한 국가가 하는 일 또는 해야 할 일이 바로 정치의 내용이라는 것을 의미한다. 국가는 무슨 일을 하고 있으며, 또 무엇을 해야 하는가?

국가의 가장 기본적인 기능은 사회구성원들이 필요로 하는 공공재(public goods)의 창출과 배분이다. 마이클 테일러의 〈협력의 가능성〉이란 책에 의하면 공공재란 "다른 모든 가치의 추구와 실현을 위해 선행적으로 존재해야 하는, 모든 사람이 필요로 하는 재화로써, 이를 제공하는 데 있어서의 기여 여부를 떠나 누구나 그 혜택을 받을 수 있는 재화"를 의미한다. 공공재의 속성을 좀 더 전문적인 용어로 표현하자면, 불가분성(indivisibility)과 비배제성(non-excludability)으로 특징지을 수 있다.

불가분성이란 누군가에 의한 공공재의 소비가 타인에 의한 공공재의 소비에 영향을 미치지 않는 것을 뜻한다. 예컨대 등대의 경우를 보자. 등대 근처를 지나가는 어떤 배가 그 등대의 불빛을 길잡이 삼아 항해를 하고 있다. 그런데 그 배가 등대를 열심히 보고 있다고 해서 부근을 지나가던 다른 배에게는 등대 불빛이 보이지 않는다거나 불빛이 약하게 보여서 야간 항해의 길잡이로서의 등대의 효용이

떨어지는 일은 없다. 즉 등대의 밝기는 배 한 척이 쳐다보건 열 척, 스무 척이 쳐다보건 달라지지 않는다는 것이다.

비배제성이란 공공재의 혜택은 무차별적이라는 것을 의미한다. 특히 공공재의 제공에 필요한 비용을 부담하였건 하지 않았건 간에 일단 공공재가 제공이 되면 누구나 그 공공재를 사용할 수 있다는 것이다. 다시 등대의 예로 돌아가자면, 등대의 건설에 소요되는 경비를 제공한 선주와 그렇지 않은 선주가 있다고 가정했을 때, 밤 항해 시 등대 건설비를 내지 않은 선주의 배라고 해서 등대를 바라보고 항해하는 것을 막을 수는 없다. 즉 건설비를 내지 않은 선주의 배도 등대의 혜택으로부터 배제되지 않는다는 것이다.

이러한 공공재는 구성원의 자발적 참여로 제공되기가 어렵다. 공공재가 갖는 비배제성과 불가분성 때문에 발생하는 집단행동의 문제 때문이다. 집단행동의 문제란, 사람들이 모두 필요로 하는 공공재의 제공을 위해서는 사람들이 공공재의 조달에 소요되는 비용의 부담에 참여하는 것이 필요하지만, 사람들의 이기심 때문에 공공재의 제공이 어렵다는 것이 그 요지다. 이 문제는 특히 무임승차의 동기(free-rider problem)와 개별 행위자에 의한 기여의 상대적 비중요성 문제(problem of inconsequentiality)에서 비롯된다.

무임승차의 동기란 공공재의 제공에 소요되는 비용은 부담하지 않고, 공공재의 혜택만 보려는 심리를 뜻한다. 공공재의 특성상 공공재는 일단 제공되기만 하면 공공재의 제공에 필요한 비용을 부담했는가 안

했는가에 상관없이 누구나 그 공공재의 혜택을 볼 수 있다. 따라서 이 기적 존재인 인간은 비용은 부담하지 않고 혜택만 볼 수는 없는지 눈치를 살피게 되는데, 이것이 바로 무임승차의 동기라는 것이다. 그런데 문제는 만일 모든 사람들이 이러한 행태를 보이면서 공공재 제공에 소요되는 비용의 부담을 회피한다면 결국 모두가 필요로 하는 공공재는 아예 제공되지 못하는 결과를 초래하게 되는 것이다.

한편 '기여의 상대적 비중요성 문제'란 많은 사람들이 공공재 제공을 위한 협력에 참여하는 경우 한 개인이 기여를 했는지 안 했는지의 여부는 공공재의 제공에 그다지 큰 영향을 미치지 않는다는 사람들의 생각을 말한다. 선거가 그 좋은 예다. 선거는 민주주의 정치체제하에서는 매우 중요한 기능을 수행한다. 민의의 표현, 정치엘리트의 충원, 정치체제의 정당성의 재확인 등이 그것이다. 따라서 선거는 민주정치의 근간을 구성한다. 하지만 국민들이 열심히 투표에 참여하지 않는다면, 선거의 의미는 크게 퇴색하고 말 것이다. 대통령 선거나 국회의원 선거에서 저조한 투표율을 걱정하는 것도 그 때문이다. 참여가 저조한 투표의 결과가 제대로 민의를 반영했는지가 논란이 될 수밖에 없는 것이다. 그런데 많은 민주국가에서 공통적으로 나타나고 있는 문제는 유권자 개개인이 꼭 투표를 해야 한다는 생각을 더 이상 하지 않는 경향이 점점 커지고 있다는 점이다. 반드시 투표를 해야겠다는 생각을 하지 않는 이유는 나 한 사람이 투표에 참여한다고 해서, 또는 내가 누구를 찍었다고 해서 투표의 결과가 달라지지 않을 것이라 생

각하기 때문이다. 이렇게 생각하는 사람
은 어차피 자신의 한 표가 선거 결과에 별
다른 영향을 미치지 못할 바에야 구태여
시간을 내고 발품을 팔아 투표장에 가는
수고를 하기보다는, 차라리 집에서 쉬거나 친
구와 놀러가는 것이 더 낫다는 생각을 하게 된다는 것이다. 만일 모든
유권자들이 이렇게 생각한다면, 민주주의의 유지와 발전을 위해 중요
한 공공재인 선거제도 자체가 위태로워지는 결과를 초래할 수도 있는
것이다.

만일 이와 같이 개인들의 이기적인 생각 때문에 사회구성원 모두가
꼭 필요로 하는 공공재의 제공이 이루어지기 어렵다면, 결국 공공재
의 제공은 국가가 담당해야 한다. 국가는 사회구성원 개개인이 모두
필요로 하면서도 집단행동의 문제로 말미암아 제공이 어려운 공공재
를 구성원을 설득하거나 강제하여 제공되도록 하는 기능을 수행하는
데서 존재 이유의 상당 부분이 찾아진다.

공공재의 창출과 배분이 국가의 기본적 기능이라고 하는 명제는, 국
가란 질서와 안보라는 공공재의 제공을 위해 개인들 간의 계약을 통
해 태어난 '리바이어던(Leviathan)'임을 주장하고 있는 토마스 홉스의
국가관에서 잘 표현되고 있다. 시장의 '보이지 않는 손'을 강조한 고
전적 자유주의 경제이론가인 아담 스미스가 국방, 치안, 사회간접자
본은 국가가 제공하여야 하는 공공재임을 지적한 것도 같은 맥락에서

이해될 수 있다. 물론 국가가 어떠한 공공재를 제공하여야 하는가의 문제에 대해서는 다양한 이견이 존재할 수 있다. 예를 들어 복지, 치안, 교육 등의 문제에 있어 국가의 적극적 역할을 찬성하는 주장이 있는가 하면, 국가의 역할을 최소범위로 국한해야 한다는 요구가 있기도 하다. 중요한 것은 국가의 역할 범위를 어떻게 설정하든 국가는 공공재의 제공이라는 기능을 수행한다는 것이다.

국가는 여기에서 권력을 사용하게 된다. 국가는 조세제도나 병역제도를 통해 공공재 제공을 위해 필요한 자원을 동원하고, 공권력을 이용해 공공재 제공에 참여하지 않은 사회구성원을 찾아 처벌을 하는 한편, 적극적으로 참여한 구성원에게는 보상을 하는 등의 방법을 통해 사회구성원들의 협조를 강제 또는 유도하게 되는 것이다.

사람을 이기적인 존재로 가정했을 때,
사람들의 자발적 협조만으로는 사회의 존립과 발전에 필요한
공공재의 제공이 어렵다. 따라서 국가는 정치권력을
활용하여 공공재 제공의 기능을 수행해야 하며,
이것이 정치행위의 중요한 부분이라 할 수 있다.

정치외교학은 어떤 학문일까?

정치외교학은 한편으로는 권력의 학(學)이다. 정치외교학은 권력의 획득과 유지, 그리고 확대와 소멸에 관련되는 인간의 행태와 이에 따른 사회현상을 연구한다. 나아가 오늘날 인간사회의 여러 수준 가운데서 가장 중요한 권력현상이 나타나는 곳, 즉 사람들의 삶에 집합적인 영향을 가장 많이 미치는 결정과 집행이 이루어지는 사회 단위가 바로 국가이기 때문에 정치외교학은 국가현상에 대한 분석에 주된 초점을 두고 있기도 하다. 그런 점에서 정치외교학은 또한 국가의 학(學)이기도 하다.

정치외교학을 국가학이라고 볼 경우 이는 정치의 의미를 국가의 영역에 한정시키는 협의의 개념을 수용한 것이고, 정치외교학을 권력학이라고 볼 경우 이는 정치를 광의의 의미로 해석하고 있다고 할 수 있다. 그러나 정치외교학을 권력학이라 하더라도 많은 경우 정치외교학의 주된 관심은 사실 국가 수준에 맞춰져 있다. 그 이유는 국가의 영역에서 이루어지는 정치현상이야말로 공공 대중에게 가장 큰 영향을 미치기 때문이다. 어느 고등학교 동창회의 회장이 누가 되었는지, 어느 회사의 승진인사에 누가 탈락을 했는지 등은 사실 많은 사람들에게 관심의 대상이 아니다. 우리들의 삶과는 별반 상관이 없기 때문이다.

인간은 누구나 정치공동체의 한 구성원으로 살아가게 된다. 물론, 가상의 인물이긴 하지만 로빈슨 크루소 같은 사람도 있을 수 있다. 외딴 무인도에서 혼자만의 삶을 영위하는 경우가 있을 것이다. 그러나 그것은 지극히 예외적인 경우일 뿐, 대부분의 사람들은 다른 사람과 같이 어울려 살아가고 있다. 심지어는 로빈슨 크루소도 무인도 생활을 스스로 선택한 것이 아니었으며, 결국 원래 자신이 살던 사회로 돌아왔다.

인간이 한 정치공동체의 구성원으로 살아가는 한, 인간은 다른 인간들과의 상호작용 속에서 살게 된다. 인간과 인간 사이의 상호작용은 여러 가지가 있다. 서로 협력할 수도 있고, 서로 갈등할 수도 있다. 협력과 갈등은 인간사회의 두 가지 측면이다.

한 사회가 유지되고 발전되기 위해서는 구성원들 사이에 갈등만 있어서는 안 된다. 투쟁과 대립이 끊이지 않는 사회가 온전하게 지탱될 수 없기 때문이다. 사회의 존립이 가능하기 위해서는 기본적인 질서의 유지가 필요할 것이고, 외부로부터의 침략에 대처할 수 있는 힘도 있어야 한다. 또한 사회 구성원의 생존을 위해 경제적 재생산 기능을 유지하기 위한 하부구조도 있어야 할 것이다. 이러한 조건들을 갖추기

위해서는 사회 구성원들 사이의 협력이 필요하다. 개인들의 자발적 협력이 없으면 사회의 존립을 위한 기본적인 요건 자체가 성립할 수 없는 것이다.

그러나 인간사회에는 갈등이 항상 존재한다. 만일 갈등이 전혀 없다면 그것이 오히려 이상한 일이다. 인간들 사이에 욕구의 완벽한 조화라는 것은 가능하지 않기 때문이다. 그리고 갈등 그 자체의 순기능도 있다. 갈등을 통해 문제점이 드러나고, 이를 개선하기 위한 노력을 하는 가운데 사회가 진보할 수 있기 때문이다. 갈등이 발생 배경, 표출 양상, 그리고 해결 방식이 어떠한지에 따라 갈등은 파괴적일 수도 있고, 건설적일 수도 있는 것이다.

어쨌든 개인과 개인, 그리고 집단과 집단, 나아가서는 국가와 국가 사이에는 갈등이 불가피하다. 인간의 욕망은 무한한 데 비해, 인간의 욕망을 충족시켜 줄 수 있는 자원은 유한하다는 근본적인 문제가 존재하기 때문이다. 유한한 자원에 대한 무한한 욕망이 인간의 속성이라면, 인간들은 욕망을 충족시키기 위한 노력을 하는 가운데 타인과의 이해관계가 충돌하는 것을 피할 수 없다.

이해관계의 충돌이 불가피하다면 어떻게 할 것인가? 충돌은 필연적인 것이므로 손을 쓸 여지가 없는 것인가? 따라서 이해 당사자들이 알아서 해결해야 할 문제인가? 만일 그

렇다면, 이해관계를 둘러싼 대립의 결과는 항상 힘 있는 자의 승리로 귀결되는 것이 아닌가? 힘의 행사가 난무하는 무정부상태, 영국의 근대 정치 사상가였던 토마스 홉스의 말처럼 '만인의 만인에 대한 투쟁 상태' 속에서 우리가 살게 되는 것 아닌가?

결국 정치학의 과제는 어떻게 하면 인간들 사이의 갈등을 조정하고 순화시켜 사회의 존립을 지키는 가운데, 각 사회 구성원이 보다 안전하고, 풍요롭고, 자유로운 삶을 살 수 있도록 할 수 있는 정치적 조건은 무엇인지를 찾는 것으로 귀결된다. 이를 밝히기 위해서 정치학은 무엇보다도 정치현상에 대한 정확한 이해를 추구한다.

정치현상을 이해함에 있어 가장 중요한 것은 정치행위자의 욕구와 권력이 어떻게 분포되어 있는지의 문제다. 욕구는 사람들이 원하는 바를 일컫는다. 그런데 사람들이 추구하는 가치는 희소하기 때문에 사람들의 욕구는 서로 충돌할 수밖에 없다. 희소가치를 향한 사람들의 욕구가 서로 충돌할 때, 사람들은 보다 많은 희소가치를 차지하기 위해 권력을 동원한다. 욕구의 충돌이 권력의 충돌을 수반하게 되는 것이다. 이러한 권력의 충돌의 발생과 해소 과정이 바로 정치현상을 구성한다.

따라서 정치현상에 대한 이해를 위해서는 무엇보다도 다음 세 가지를 알아야 한다.

첫째, 특정 사안의 이해 당사자가 누구인가?

둘째, 이해 당사자들은 각각 어떤 선호도를 갖고 있는가? 이해 당사자들의 선호가 서로 모순되는가 아니면 서로 조화로운가? 이해 당사자들은 자신의 입장을 관철시킴에 있어 얼마나 적극적인가? 즉, 이들의 선호의 종류와 강도는 어떠한가?

셋째, 이해 당사자 간의 힘의 관계는 어떠한가? 이해 당사자들이 자신들의 입장을 관철시키기 위해 동원할 수 있는 자원과 구사할 수 있는 전략에는 어떠한 것이 있는가?

이러한 문제의식의 틀에서 정치학은 개인과 개인, 집단과 집단, 국가와 국가 사이의 갈등과 협력 관계를 분석하게 된다.

정치외교학은 권력학이면서 동시에 국가학이기도 하다. 정치학은 국가를 비롯한 인간 사회의 여러 영역에서 필연적으로 나타나는 갈등을 순화 및 해소함으로써 개별 사회 구성원이 인간의 존엄성을 유지하는 삶을 누릴 수 있도록 노력한다.

정치도 과학적 방법으로 연구한다

정치외교학은 두 가지 차원에서 위에 문제에 대한 해답을 구한다. 하나는 규범적 차원이고, 또 하나는 경험적 차원이다. 규범적 차원에서의 정치학에서는 인간이 갖는 근본적 속성에 대한 성찰에서 시작해 인간이 갈등을 극복하고 조화롭게 살 수 있는 상태를 이루기 위해 우리가 지향해야 할 목표와 우리가 이뤄내야 할 이상향을 피력한다.

한편 경험적 차원에서는 정치학은 인간들 사이 또는 집단 간의 갈등의 생성, 갈등의 전개 과정, 갈등의 결과 등을 서술하고, 갈등의 발생 원인과 갈등의 해소 또는 증폭을 좌우하는 조건들은 무엇인지를 밝히는 작업을 수행한다. 이를 통해 갈등의 극단적 표출과 갈등 세력 간의 첨예한 대결을 방지함으로써 사회적 평화를 유지할 수 있는 방안을 찾을 수 있기 때문이다.

현대 정치학은 영어로는 'political science'라고 표기한다. 직역하면 정치과학이란 뜻이다. 이 말은 오늘날에 와서 경험적 연구로서의 정치학의 비중이 매우 커졌음을 보여준다. 이는 사회현상도 자연현상처럼 과학적 방법에 의거한 탐구의 대상이 될 수 있으며, 또 자연과학의 연구방법론에 준하는 기법을 활용했을 때 사회현상의 본질에 대한 가장 정확한 이해가 가능하다는 생각에서 나온 말이기 때문이다. 사회현상도 자연현상처럼 과학적 탐구의 대상이 될 수 있다는 생각은 근대 이후 자연과학이 비약적으로 발전하면서 나타난 생각이기도 하다. 사회현상도 법칙이 있고 패턴이 있을 것으로 보는 관점이다.

그런데 사회현상은 자연현상과는 다르
다. 자연현상은 영속적으로 나타나면서
항구적인 법칙에 의해 지배되는 반면, 사회
현상은 동일한 사건이 다시 일어나는 법은
없다. 예컨대 지구상에서 1기압 하에서는 물
은 언제, 어디서라도 섭씨 100도에 끓는다는
것은 우리가 과학적 지식으로 알고 있다. 그러나 같은 정도의 확신을
가지고 사회현상에 대해서 알고 있다고 말할 수 있는 경우는 없다. 사
회현상은 워낙 많은 변수들에 의해 영향을 받기 때문에 많은 변수들
의 조합이 조금만 달라져도 그 결과가 판이하게 나타날 수 있다. 또한
그 수많은 변수들이 어떤 것이 있는지, 그리고 그 변수들 사이의 관계
는 어떠한지를 우리가 일일이 다 알 수가 없는 관계로 정확한 예측이
어려운 것이다.

예를 들어 혁명은 언제 일어나며, 전쟁은 언제 발발하는가? 인간의 역
사 속에는 수많은 혁명이 있었고 헤일 수 없이 많은 전쟁이 있었지만,
동서고금을 망라하여 그 사건들이 발생하는 조건이 정확히 일치하는
경우는 없었을 것이다.

그러나 정치학자를 포함한 사회과학자들은 지금까지 발생했던 여러
전쟁과 여러 혁명의 세세한 발생 조건과 전개 양상은 각각 달랐을지
라도, 전쟁의 발발과 혁명의 발생에 지대한 영향을 미치는 어떤 공통
된 조건이 있는 것은 아닌지, 또는 혁명 또는 전쟁의 발발 가능성의 확

률을 현저히 높이는 어떤 특정한 조건이 존재하는 것은 아닌지에 대한 끊임없는 탐구를 하고 있다. 그 결과 사회과학자들은 비록 시공을 뛰어넘는 보편적 법칙성을 가진 필요충분조건의 발견은 어렵다고 하더라도, 적어도 일정 시점의 일정 공간 내에서 제한적으로 적용이 가능한 '중범위 이론'의 수립에는 많은 성과를 거두어 오고 있다.

만일 사회현상에 일체의 반복성이 없어 경험적 연구를 통한 보편성의 발견이 전적으로 불가능한 것이라면, 사회현상에 대한 학문적 연구는 의미가 없다. 과거의 역사를 통해 현재를 반추하고 미래를 설계하는 것은 원천적으로 불가능하며, 미래를 위해 활용 가능한 지식을 과거의 경험으로부터 얻기가 힘들기 때문이다. 왜냐하면 과거에 일어난 일은 그때 당시의 지극히 특수한 환경 속에서 지금 존재하는 것과는 전혀 다른 변수의 조합에 의해 발생한 것이기 때문이다. 만일 그렇다면 역사 연구의 의미 또한 퇴색된다. 사회현상을 묘사하고 기술하는 것은 과거에 대한 우리의 호기심을 충족시켜 주는 것 외에 다른 의미는 없을 것이기 때문이다.

사실 인간의 역사를 돌이켜 보건대, 우리의 사는 모습이 시간이 흐름에 따라 달라지는 부분도 많지만, 예나 지금이나 변하지 않고 지속되어 내려오는 것도 적지 않다. 공간적으로도 마찬가지다. 국가나 문명권에 따라

문화와 풍습이 다양한 것은 사실이지만, 인간사
회가 공통적으로 갖는 모습도 적지 않다. 시공의
변화에 따라 달라지는 것도 있고 그렇
지 않은 것도 있다는 것이다. 달라지는 것들
로 인해 새로운 현상이 나타나는 것은
당연하다. 그러나 달라지지 않는 여러
가지 것들로 인해, 과거와 현재의 연속성이 존재하게 되며, 공간을 뛰
어넘는 보편성도 발견될 수 있는 것이다.

최근엔 정치현상 역시 자연현상처럼
경험적 연구를 통해 보편성을 발견하고 있다.
과거 역사를 통해 현재를 반추하고
미래를 설계하는 것이다. 그래서 오늘날 정치학은
사회과학의 한 영역을 이루고 있다는 것이다.

끊임없이 새로이 태어나는 연구 대상들

정치외교학의 연구 대상이 되는 주제는 연속성과 변화의 양면성을 모
두 가지고 있다. 인간 본성에 대한 성찰, 좋은 정치체제에 대한 탐구,
시민의 권리와 의무, 국가의 역할, 전쟁, 혁명 등등 오랜 과거로부터
현재까지를 관통하는 많은 주제가 있다. 아울러 근대 이후 정치외교
학의 끊임없는 탐구의 대상이 되어오고 있는 질문도 있다.

대표적인 예로는 정부의 역할에 대한 논쟁, 즉 큰 정부론, 작은 정부론으로 대변되는 정부역할에 대한 상반된 견해가 바로 그것이다. 구조와 행위자의 역할에 대한 논쟁도 빼놓을 수 없다. 과연 역사를 변화시키는 거대한 사건들의 발생과 진행과정에서 오랜 시간 축적된 정치, 경제, 사회의 구조적 힘이 결정적 변수로 작용하는가 아니면 걸출한 지도자의 판단과 능력이 변화를 추동하는 주된 요인인가의 문제 또한 끊임없는 논쟁의 대상이 되고 있는 주제이기도 하다. 자본주의 사회에서의 국가 자율성 또한 많은 논란의 대상이 되고 있는 단골메뉴 중 하나다. 이는 곧 국가–사회의 관계에 대한 성찰이기도 하다. 국가가 이익집단이나 계급적 이익으로부터 어느 정도 자유로울 수 있는지, 또는 국가의 자율성의 정도에 영향을 주는 요인은 무엇인지 등에 대한 연구가 이에 해당한다.

> 정치외교학은 두 가지 차원에서 해답을 구한다. 하나는 규범적 차원이고, 또 하나는 경험적 차원이다.

반면 시대의 흐름에 따라 새로이 나타나는 현상들도 적지 않다. 예를 들어 환경오염, 정보화 시대의 도래, 세계화의 진행, 인구의 고령화, 여성의 사회적 지위 향상, 이민의 증가에 따른 다문화 사회의 형성, 테러문제, 지역통합의 문제 등은 과거에는 별로 거론되지 않거나 그다지 중요하게 생각되지 않았던 주제들이지만, 오늘날에는 그 중요성을 아무도 부인할 수 없는 주제들이다.

교수님과 함께 떠나는
정치외교학 여행

기술의 발전, 인구 변동, 국가 간 교류 양상의 변화, 서로운 형태의 거버넌스의 등장과 같은 거시적 변화에 따라 끊임없이 정치외교학의 새로운 연구 주제가 생성되고 있는 것이다. '가치의 희소성과 욕망의 무한성'에서 비롯되는 갈등 관계와 인간들 사이의 권력관계가 어떻게 상호작용을 하는지에 관심의 초점을 맞추고 있는 정치학적 인식 틀은 인간사회에서 전개되는 다양하고도 거대한 변화와 연속성의 흐름을 이해하고 이에 대한 대응 방향과 구체적인 실천 전략을 모색하는 데 있어 귀중한 통찰력을 제공하는 매우 중요한 역할을 하고 있다.

인간사회에는 동서고금을 막론하고 일괄적으로 나타나는 근원적 문제가 있는가 하면, 시대의 흐름에 따라 새롭게 나타나는 현상들도 있다. 정치외교학은 인간사회의 연속성에서 비롯되는 고전적 질문과 인간사회의 변화를 통해 생성되는 새로운 질문, 두 가지 모두에 대해 끊임없이 탐구하는 학문이다.

재미박스

정치학과 정치외교학은 다른 것일까?

정치외교학이라는 용어는 사실 우리나라의 특수한 맥락에서 만들어진 용어다. 국제학계에서는 일반적으로 정치학이라는 용어를 사용하고 있다. 정치외교학이라는 말에서 '외교' 부분은 국제정치에 해당한다. 국가가 행위자가 되어 국제사회에서 다른 나라와 상호작용하는 행위가 바로 외교인 것이다. 따라서 정치학이라는 용어에는 이미 국제정치도 다 포함되어 있다.

그렇다면 우리나라에서는 왜 정치외교학이라는 말이 통용되고 있는가? 이는 우리나라의 특수한 역사적 경험에서 비롯된 것이 아닌가 한다. 1945년 우리나라가 일본 식민통치로부터 해방된 이후 국가 건설 과정에 매진할 당시 전개되고 있었던 복잡한 국제정치의 구도 속에서 우리의 생존을 확보하기 위해서는 외교적 역량의 발휘가 중요하다는 인식하에 외교를 특별히 강조하는 학과 명칭을 만든 것으로 생각된다.

이 책에서는 아주 어색한 경우가 아닌 한 정치외교학이라는 용어를 사용했지만 꼭 필요한 경우에는 정치학이라는 말도 혼용하였다.

교수님과 함께 떠나는
정치외교학 여행

정치학은 '오래된 학문이면서 짧은 학문' 이라고도 한다. 우선 정치학의 기원은 고대 그리스의 플라톤과 아리스토텔레스에서 찾을 수 있다는 점에서 정치학은 대단히 오래된 학문이다. 그러나 정치학이 독자적인 학문으로 체계를 갖추게 된 시기는 19세기 후반의 일이다. 이런 이유로 정치학은 역사가 길면서도 짧은 학문이라는 이율배반적 성격을 갖고 있다.

정치학이라고 하는 학문영역은 처음에는 주로 철학적 사유가 중심이 되는 사변적 논의가 그 중심이 되었으나, 이후 경험적 연구의 영역이 대폭 확대되어 오늘날에는 과학적 방법론을 활용한 실증적 연구가 대세를 이루고 있다.

정치외교학과에서는 오래된 학문으로서의 정치학과 짧은 역사의 학문으로서의 정치학을 모두 배운다. 배우는 교과 내용의 시작은 시대순으로 살펴봤을 때 고대 그리스에서 주로 시작하게 된다. 소크라테스와 플라톤, 그리고 아리스토텔레스의 정치사상에 대한 논의가 그 출발점이 된다.

이상적인 국가상을 탐구했던 고대와 중세의 정치학

'오래된 학문으로서의 정치학'은 주로 당위(當爲)의 문제를 다루는 규범적 연구에 초점을 맞춘다. 규범적 연구에서는 주로 올바른 정치제도나 통치방법이 무엇인가를 고민함으로써 이상적인 국가질서의 수립을 추구하였던 것이다.

플라톤이 그의 저서 〈공화국〉에서 정의의 문제를 논한 것이나, 아리스토텔레스가 〈정치학〉에서 선(善)한 생활을 강조하고, 공동선의 추구가 정치체제의 목적임을 지적하는 한편, 최상의 지배형태를 찾으려고 했던 것이 그 예다.

아리스토텔레스에게 정치란 시민이 공동체 속에서 선하고 도덕적인 삶을 꾸려나가도록 하는 것이었다.

고대 동양에서도 정치를 규범적 관점에서 규정하고 있음을 알 수 있다. 유교의 대표적 인물인 공자는 정치를 "인격을 도야한 군자에 의하여 시행되어야 할 책

1 **플라톤** 소크라테스의 제자이자 아리스토텔레스의 스승으로 〈공화국〉 저술
2 **아리스토텔레스**

교수님과 함께 떠나는
정치외교학 여행

무"로 설정했고, 정치의 목적은 "사회 구성원 모두가 행복하게 살 수 있는 공동사회를 창조하기 위한 노력"으로 정의하였다고 한다. 이상적인 국가와 사회의 건설을 위해 인(仁)과 의(義)를 포함하는 덕(德)의 실천을 통해 왕도를 구현하는 것을 정치의 목표로 보았던 것이다.

규범적 관점에서 정치를 바라보는 입장은 중세에서도 계속되었다. 기독교적 가치관에 입각하여 신의 뜻을 지상에서 충실히 구현하는 것이 곧 정치였던 것이다.

고대와 중세에는 규범적인 관점에서
정치를 바라보며 이상적인 국가를
수립하기 위해 노력해 왔다.

현실로 한걸음 들어선 근대의 정치학

고대와 중세의 정치적 탐구가 주로 규범적 사색에 치중하였던 것과는 달리 근대로 넘어오면서 정치에 대한 연구는 정부와 정치제도가 실제로 어떻게 조직되고 운영되는 것인가에 대한 경험적 질문을 던진다.

근대적 의미의 정치학은 마키아벨리에서 시작된다고 한다. 마키아벨리는 정치를 더 이상 이상주의적 규범의 관점에서 보지 않았고, 다만 권력의 획득과 유지를 위한 현실주의적 통치기술로 간주한다. 이때까지 정치적 담론의 핵심 주제는 바람직한 정치 공동체의 구성과 조직의 문제였다고 한다면, 마키아벨리는 담론의 초점을 효과적인 권력

조직의 획득과 유지의 방안에 관한 문제로 바꾸었던 것이다.

정치를 철저히 권력의 추구로 보았던 마키아벨리는 권력의 생성과 유지의 원인과 결과, 그리고 정치권력의 획득과 확대의 수단이 무엇인지를 밝히기 위해 피렌체 공화국의 정치제도와 정치적 관행을 실증적으로 기술하고 면밀히 분석했던 것이다. 이는 정치사상사적 관점에서는 '코페르니쿠스적 전환'에 버금가는 일대 사건으로 일컬어지기도 한다. 규범 담론에서 현실 담론으로의 변화가 이루어졌기 때문이다. 이와 같이 마키아벨리는 정치를 도덕과 윤리로부터 분리시켰다는 점에서 그 이전의 정치적 담론과 차별성이 있다는 평가를 받고 있다.

하지만 사실은 마키아벨리조차도 규범론적 정치학을 완전히 탈피한 것은 아니다. '무엇이 어떠어떠하다'고 하는 것은 경험적 관찰을 통한 사실의 규명에 해당한다. 반면 '무엇은 어떠어떠해야 한다'라고 말하는 것은 특정한 가치의 실현을 위해 반드시 해야 할 일에 대한 규범적 처방을 내리는 것이다. 따라서 마키아벨리는 통치자가 제대로 통치를 하기 위해서는 '무엇을 어떻게 해야 한다'라는 하나의 방향성을 제시하기 위해 노력하고 있다는 점에서 규범론적 입장이 어느 정도 남아 있다고 할 수 있다. 다만 마키아벨리의 경우 통치자가 지향해야 할 방향성이 종교적이고 도덕적인 가치기준에 의거해 정해지기보다는 현

실적 필요성에 입각해 설정된다는 점에서 과거와는 판이하게 다른 정치사상을 보여주고 있는 것이다.

이와 같이 근대에 들어와 종교와 도덕으로부터 분리된 정치철학은 더욱 세속화의 경향을 걷는다. 여기에서 말하는 세속화는 타락을 의미하는 것이 아니다. '정치학의 세속화'란 정치학적 탐구가 관념과 종교, 그리고 이상의 세계에 머물렀던 사변적 경향에서 벗어나 현실 세계 속에서의 실천적 행위를 이해하는 경험적 분석으로 초점이 옮아갔음을 의미하는 것이다. 아울러 세속화는 전체성 혹은 신성(神性)에 매몰되어 있던 인간이 개체성을 획득하는 것을 의미하기도 한다. 플라톤은 국가의 행복이 개인의 행복에 우선한다고

마키아벨리 이탈리아의 정치사상가로 〈군주론〉 집필

NICCOLÒ MACCHIAVELLI

토마스 홉스 영국의 근대 정치사상가로 〈리바이어던〉을 집필했으며 사회계약론을 최초로 주창했다.

하고 있으며, 아리스토텔레스 또한 정치공동체의 우선성을 강조하고 있다. 이들의 논의 속에는 개인 또는 개인의 자유가 차지하는 자리가 없었다. 중세의 철학자 아우구스티누스와 토마스 아퀴나스도 마찬가지다. 이들에게 있어서 인간의 존재는 신에게 예속된 것이다. 인간의 행복은 신의 뜻에 복종할 때 비로소 가능한 것이다. 인간의 자유의지, 개인의 개체성은 인정되지 않고 있는 것이다.

그러던 것이 르네상스와 종교개혁으로 근대의 세계가 열리면서 이에 발맞추어 정치철학의 세속화가 진행된다. 정치철학의 세속화 경향은 토마스 홉스의 예에서 잘 나타난다. 홉스는 자신의 저서 〈리바이어던〉에서 사회계약설을 제창한다. 즉 '만인의 만인에 대한 투쟁 상태'로 묘사되는 자연 상태, '인간의 삶이 고독하고 가련하며, 야만스럽고 단명한' 그런 상태에서 벗어나기 위해 인간들은 서로 간의 계약을 통해 국가를 수립하여 스스로 자유를 제약받는 상태로 들어가게 된다. 국가는 신민들로부터 위임받은 권한을 가지고 이들을 통치한다는 것이다. 홉스의 이러한 주장은 강력한 왕권과 전제정치를 옹호함으로써 독재정권을 정당화하는 논리를 제공해 준다는 비난을 받기

토마스 홉스의 저작 〈리바이어던〉의 속표지 칼과 횃불을 들고 있는 거인이 바로 리바이어던이 다. 리바이어던은 구약성서 욥기 41장에 등장하는데, 바다의 큰 괴물을 의미한다. 홉스의 저작에서는 국가를 리바이어던에 비유하고 있다. 이 그림을 자세히 보면 리바이어던은 수많은 사람들이 모여 구성되어 있음을 알 수 있다. 즉 국가란 바로 개인들 간의 계약의 산물임을 이 그림을 통해 보여주고 있는 것이다.

도 한다.

그러한 비판은 전적으로 타당한 것으로 보인다. 하지만 우리가 눈여겨봐야 할 것 중의 하나는 홉스는 국가의 권위나 왕권의 원천이 국민에게 있다고 보았다는 점이다. 즉 국가의 성립이 곧 스스로를 안전하게 지키기 위한 개인들의 의지에 따른 계약에서 출발한 것이라면, 이는 곧 주권이 국민에게 있다는 주권재민(主權在民)의 사상이 된다. 홉스 이전의 사고방식에 따르면 국왕의 주권은 신으로부터 부여받은 것이다. 왕권신수설(王權神授說)이 바로 그것이다. 왕의 권한은 신으로부

터 받은 것이니, 인간에게 있어서는 신성불가침이었다. 그러던 것이 홉스에 이르러서는 권력의 존립 근거는 개인들 간의 계약에서 찾아지는 것이 됐으며, 따라서 계약 당사자인 신민들의 뜻과 이익에 반하는 통치를 하는 군주는 정당성을 인정받지 못하게 된 것이다. 이런 의미에서 홉스는 절대 권력을 정당화하는 논리를 제시하고 있으면서도, 자유주의 사상과 민주주의 이론의 단서를 내포하고 있다는 해석이 가능하다.

토마스 홉스 이후 사회계약론 사상은 영국의 존 로크와 프랑스의 루소로 이어져 내려오면서 자유주의 정치사상의 발전에 큰 기여를 하게 되었다. 이들 외에도 몽테스키외, 존 스튜어트 밀, 토크빌 등이 정치사상사에 있어 큰 족적을 남긴다. 아울러 근대 유럽에서는 사회주의 사상이 태동되어 생시몽, 로버트 오언, 샤를 푸리에를 거쳐 마르크스와 엥겔스의 방대한 저작과 레닌 등의 정치운동을 통해 자유주의 사상과 함께 서양 근현대 정치사상의 하나의 큰 산맥을 이루게 된다.

근대에 와서 정치철학은 현실 세계 속에서의 행위를 이해하는 방향으로 변하였고, 종교에서 벗어나 개인 즉, 국민을 중요하게 여기게 되었다.
주권재민 사상과 사회계약론 사상을 주창한 홉스, 로크와 루소 등이 이 시대의 유명한 정치사상가들이다.

과학적 학문이 된 19세기 정치학

정치학적 탐구가 본격적인 경험 과학으로서의 학문적 체계를 갖추게 된 것은 19세기에 들어와서의 일이다. 19세기에 이르러 프랑스의 저명한 사회학자 콩트가 지적한 바와 같이 '실증주의 시대'가 도래하면서, 모든 인간관계의 제 현상도 물리현상이나 생물현상과 마찬가지로 과학적 연구의 대상이 될 수 있다는 믿음이 확산되었던 시대적 배경과 일치한다.

이와 때를 같이 하여 정치학이라는 학문의 명칭이 정치과학으로 불리기 시작한다. 프랑스에서는 폴 자네가 1852년에 펴낸 자신의 저서 〈도덕과의 관계에서 본 정치철학의 역사〉의 제목 중 '정치철학'이라는 말을 1872년도에는 '정치과학'으로 바꾸고 있는 것이 그 예다.

오늘날 정치학을 political science로 표기하고 있는데, 이를 직역하면 정치과학이라는 말이다. 정치학도 하나의 과학이라는 말인데, 이것은 말하자면 정치현상의 연구도 과학적 방법론에 따른다는 것이다. 여기에서 말하는 과학적 방법론이란 자연과학에서 사용하는 연구 방법을 일컫는다.

즉, 실험을 하거나 아니면 반복적인 관찰을 통해 경험적 증거를 축적함으로써 변수와 변수와의 관계에서 패턴을 찾아나가고 그 관계의 패턴에 대한 논리적 설명을 제시하는 것을 말한다. 그러나 정치학은 인간의 행위와 사회현상을 다루는 학문이기 때문에 실험실의 환경을 구현하는 것은 사실상 불가능할뿐더러 동일한 현상이 시차를 두고 동일한 조건하에서 똑같이 반복되는 경우는 있을 수가 없다는 점에서 엄밀한 의미에서의 자연과학적 방법을 사용하는 것은 가능하지 않다. 그러나 정치학 연구도 통계학적 분석이나 비교분석 방법을 활용함으로써 최대한 자연과학의 방법론적 논리에 근접하는 연구 기법을 개발하여 어느 정도 신뢰할 만한 과학성을 획득해 나가고 있는 것이 사실이다.

정치학은 19세기에 이르러
경험 학문으로서의 학문적 체계를 갖추었으며,
대학에서 하나의 전공으로 정치학과가 설립되기 시작했다.

윤리성과 과학성, 두 마리 토끼를 잡아라!

경험적 연구로서의 정치학이 본격화되기 시작했을 때 정치학의 주요 연구 주제는 법과 정치제도였다. 법과 정치제드에 대한 서술적 연구가 초기 근대 정치학의 주류를 이루었던 것이다. 이 시기의 정치학 연구는 주로 헌법과 법률 등의 공식 문서의 분석에 초점을 두었다. 이러한 연구 경향은 인간의 정치적 행위에 영향을 즈는 가장 중요한 요소로 정치제도를 상정하고 있었던 당시의 사회적 통념에 기인한 바가 크다고 할 것이다. 이러한 제도의 중요성에 대한 믿음은 후일 제1차 세계대전이 끝난 후 국제연맹이라는 국제기구를 만들어 국가들의 행위를 제어함으로써 평화의 구축이 가능하다고 보았던 미국의 윌슨 대통령의 생각과도 관련을 지어볼 수 있다.

윌슨 대통령은 제1차 세계대전과 같은 비극적인 전쟁의 왼인이 국가 간 갈등을 해소하고 협력을 증진시키는 제도적 장치가 결여되었기 때문인 것으로 보고 국제연맹과 같은 제도의 설립을 통해 전쟁을 방지하고자 했다.

윌슨 대통령의 이러한 생각은 사실 유명한 독일의 철학자 임마누엘 칸트의 생각에서 그 실마리를 찾을 수 있다. 칸트는 자신의 저작인 〈영구평화론〉에서 국가 간의 평화를 구축하기 위한 조건으로 i) 국가 간 갈등 해소와 협력 촉진을 위한 국제제도의 설립, ii) 국가 간 교역의 활성화, iii) 개별 국가 수준에서의 민주정치체제 발전을 들고 있다. 칸트가 지적하고 있는 세 가지 조건 중 첫 번째 조건인 국제제도의 설립이 바로 윌슨 대통령의 국제연맹 설립을 주창으로 현실화되었던 것이다.

그러나 법과 제도가 정치현상의 전부가 아니었다. 동일한 제도, 유사한 법체계를 가진 나라들 사이에서도 상이한 모습의 정치현상이 관찰되고 있는 것이다.

우리나라만 하더라도 1948년 정부 수립 당시 만들어졌던 건국 헌법은 당시 선진 민주주의 국가들의 헌법의 장점을 취합해 만들어진 이상적인 헌법이었으나, 우리의 실정과 맞지 않아 제대로 작동하지 못했다. 1919년 제정된 독일의 바이마르 헌법 또한 가장 이상적인 민주 헌법이라는 평가를 받았으나 20세기 전반 독일의 국내외 사정의 소용돌이 속에서 기대했던 효력을 발휘하지 못한 채 히틀러와 나치즘의 등장으로 귀결됨으로써 이상과 현실의 괴리를 보여주는 대표적 예로 언급되고 있는 형편이다.

이러한 경험을 통해 정치현상은 법과 제도의 이해만으로는 가능하지 않다는 인식이 확대되면서, 제2차 세계대전 이후 구체적인 행위자가 어떤 환경에서 어떤 이해관계와 역량을 가지고 어떤 정치적 행위를 하는지를 경험적으로 관찰하여 축적된 자료를 통계 분석 등의 과학적 기법을 통해 분석하는 경향이 나타나게 된다. 이러한 문제의식에 기반을 둔 정치학 연구의 경향은 이른바 행태주의(行態主義)로 불리게 되고, 이 접근 방법은 1950, 1960년대 정치학계의 주류를 형성했다.

의회를 예로 들어 행태주의 연구에 대해 알아보자. 행태주의 관점에 의하면 의회의 활동을 이해하거나 설명함에 있어 국회법이나 국회 조직에 대한 기술과 분석만으로는 어려움이 있다고 본다. 의회에 대한 연구는 그 구성원인 국회의원들의 실제 행동에 대한 관찰을 기초로 해야 한다는 것이다. 의원들이 법안 심의에 얼마나 많은 시간을 쓰고 있는지, 선거운동을 위한 자금 동원은 어떤 방식으로 하고 있는지, 연설문 작성은 누가 하는지, 의안 투표 시 각 의원들은 어떤 입장을 취했는지, 외국지도자와 만나는 빈도와 시간은 얼마나 되는지 등에 대한 정확한 자료의 수집과 이에 대한 통계적 분석이 이루어질 때 의회와 국회의원의 활동에 대한 정확한 규명이 가능하다는 것이 바로 행태주의의 주장이다.

법제도에 대한 서술적 분석이나 윤리적 논의에 기반을 둔 규범론적 담론과는 달리

> 행태주의는 과학성을 지향하는 정치학 연구의 경향이라고 하겠다.

이른바 과학성을 지향하는 정치학 연구의 경향이라고 하겠다.

그러나 1960년대에 들어서는 행태주의에 대한 비판이 제기되었다. 행태주의적 접근방법은 방법론에 대한 집착과 과학성의 함몰로 인해 인간이 필요로 하는 바는 무엇인지에 대한 고민, 바람직한 공공정책의 모색, 인간이 추구해야 할 근본적인 가치의 설정 등이 정치현상 분석에 있어 고려되어야 한다는 점을 간과했다는 것이다.

이러한 문제의식하에 정치학의 과학성과 윤리성을 동시에 추구해야 한다는 주장이 제기되는데, 이러한 연구경향을 가리켜 '후기행태주의'라고 한다. 예컨대 인종차별 개선책에 대한 연구를 수행한다고 했을 때 인종차별 문제에 대한 철학적이고 윤리적인 판단을 도외시하고서 적절한 해결책을 찾는 것은 생각하기 어렵다는 것이 바로 후기행태주의의 관점이다. 무엇이, 왜 문제가 되며, 궁극적으로 무엇을 지향해야 하는지에 대한 판단 기준이 없이는 인종차별 문제의 극복방안에 대한 논의 자체가 어려울 것이기 때문이다.

정치학을 연구하고 갈등을 해결하는 데 있어
완벽한 정답은 있을 수 없다. 이상적인 법제도도
상황에 따라 맞지 않은 경우가 발생하며,
축적된 자료를 통계하고 분석하는 것 또한 완벽하지 않다.
정치는 결국 올바른 가치판단으로 바람직한 공공정책을
모색하는 일인 만큼 현대에는 윤리성과
과학성을 동시에 추구하고 있다.

교수님과 함께 떠나는
정치외교학 여행

결국 후기행태주의의 관점에서 보면 정치학은 연구대상이 되는 쟁점의 성격상 윤리적 관점에 입각한 가치판단으로부터 분리될 수 없는 학문이기 때문에 정치학 연구에 있어서 인도주의와 과학의 조화가 중요한 문제라는 것이다.

미리 보는 대학생활,
정치외교학과 원정기

정치학은 우선 규범적 학문과 실증적 학문 두 가지로 나눌 수 있다. 규범적 학문으로서의 정치학은 바람직한 국가의 역할, 권력의 정당한 사용, 정치를 통해 지향해야 할 가치의 규명, 정치 지도자가 갖추어야 할 소양, 바람직한 정치질서의 모색 등에 대한 논의에 초점을 맞추고 있다. 반면 실증적 학문으로서의 정치학은 현실 속에서 일어나고 있는 제반 정치현상의 원인과 그 파급효과를 경험적 증거의 토대 위에서 과학적 방법에 의거해 규명하는 작업을 수행한다.

규범적 학문으로서의 정치학에 해당하는 것이 바로 정치사상이며, 실증적 학문으로서의 정치학은 다시 세 분야로 나누어진다. 비교정치, 국제정치, 한국정치가 그것이다.

마지막으로 언급된 한국정치는 우리나라에서 정치학의 연구영역을 구분할 때 포함되는 것이고, 미국이나 일본의 정치학자들에게 있어서는 각각 미국정치와 일본정치가 정치학의 마지막 영역을 차지한다. 어느 나라에서나 자국의 정치현상이 가장 중요하고도 필수적인 연구 분야일 수밖에 없기 때문이다.

정치의 규범적 문제를 밝혀라! 정치사상과 이론

어떤 학문인가?

정치사상은 인간의 정치적 실존에 대한 비판적 사유를 말한다. 이는 곧 인간 사회의 정치적 환경과 제도에 대해 비판적으로 생각하는 일을 의미하는 것으로 국가와 정부의 역할, 권위와 정당성, 복종과 의무, 정치와 윤리, 자유와 정의, 법과 정치 등에 관한 의견과 논쟁이 정치사상 연구의 주된 내용이 된다.

정치학의 임무 중 하나가 권력의 속성에 대한 심층적 이해를 바탕으로 권력의 부작용에 대한 신랄한 비판의 기능을 수행해야 하는 것이라고 할 때, 이는 바로 정치사상 연구의 책무를 일컫는 것이라 할 수 있다.

정치사상은 정치학의 일부분이면서 동시에 정치학의 기초다. 정치와 정치학을 어떤 방식으로 규정하든, 정치학에는 사실에 대한 연구뿐만 아니라 규범적 측면에 대한 이해가 필요하다. 정치사상은 정치의 규범적 문제를 다루는 분야다. 정치사상은 정치학의 한계를 보여주고 우리가 무엇을 알아야 하며, 무엇을 알지 못하는지를 알려준다. 즉, 정치사상은 정치학을 함에 있어 어떤 질문을 던져야 할 것인지 가르쳐준다.

모든 정치적 행위는 정치적 가치를 전제로 하고 있다. 따라서 플라톤 이래 오늘에 이르기까지 정치학자들의 주요 관심은 정당한 국가와 건강한 시민에 필수적인 가치체계를 연구하는 것이었다.

정의란 무엇인가? 정치권력과 권력의 행사를 정당한 것으로 만드는 것은 무엇인가? 정치권력과 권력의 행사는 어떻게 이루어져야 하는가? 정책결정과정에의 참여는 어느 정도 확보되어야 하는가?

정치사상은 이러한 의문에 대한 해답을 가치의 관점에서 추구한다.

정치사상은 정치학의 기초가 되는 학문으로 정치에 대한 건강한 가치체계를 만들어 가기 위해 끊임없이 질문을 던지고 해답을 찾아나가는 여정이다.

어떤 내용들이 있는가?

정치사상은 다음과 같은 세부 분야로 분류된다. 우선 과거 학자들의 정치에 대한 사색과 토론의 결과들을 탐구하는 사상의 역사 즉 정치사상사가 있다. 우리들의 귀에 익은 플라톤, 아리스토텔레스, 토마스 아퀴나스, 마키아벨리, 홉스, 로크, 루소, 몽테스키외, 마르크스 등이

대표적인 정치사상가들이다.

정치사상사는 역사이므로 시간과 장소에 따라 다시 분류된다. 시대에 따라서는 고대, 중세, 근대로 분류되며, 장소에 따라서는 서양, 동양, 한국 등으로 분류된다.

다음으로 정치철학의 분야가 있다. 정치철학은 정치에 있어 규범적 문제를 보편적이고 추상적으로 접근하며, 우리 동시대의 정치적 가치에 대한 깊은 이해를 가능하게 한다.

마지막 세부 분야가 정치이념이다. 자유주의, 보수주의, 사회주의 등에 대한 연구를 통해 사상과 현실과의 관계를 이해할 수 있다.

정치학의 발전과 함께 정치사상도 발전해 왔다. 과거에는 정치학의 타 분야처럼 외국, 특히 서양의 사상을 이해하는 데 정치사상의 초점이 맞추어져 있었다면, 최근에는 한국의 지적 전통 등 다양한 부분에 대한 관심을 통해 우리 정치의 규범적 문제에 대해 스스로 생각하는 노력을 기울이고 있다.

정치사상은 정치사상사, 정치철학, 정치이념의 세부 분야로 분류되며, 우리 정치의 규범적 문제를 밝히기 위해 다양한 관점에서 노력하고 있다.

어떤 과목들로 배울까?

과목 알아보기

동양정치사상	민주주의정치이론	현대사회주의론
고대중세양정치사상	인간과 정치	성(性)과 정치
근대서양정치사상	민족성과 시민성	합리적 선택이론연구
현대정치사상	민주주의와 법	공공선택이론
동양정치사상	민주주의와 자본주의	정치학방법론
동서양정치사상 비교연구	권력과 이념	계량정치분석
탈근대정치사상	현대정치의 이해	
정치이론과 철학	정치의 이념적 기초	

그렇다면, 정치사상은 어떠한 과목들을 통해 배우게 되는 것일까? 정치사상에 해당하는 과목은 매우 다양하다. 일단 저학년 시절에 접하게 되는 기초과목은 아마도 〈정치사상 입문〉 또는 〈정치사상 개론〉일 가능성이 높다. 이러한 과목들은 대체로 동서고금을 막론하고 사회를 구성해서 살아온 인간 집단에서 제기되는 문제들에 대한 주요 사상가들의 주장과 그 논리적 저변을 소개하는 데 초점을 맞추고 있다. 이 과목에서는 고전, 근대, 탈근대로 이어지는 정치사상의 변화 양상과 더불어, 오늘날의 정치현실에 지대한 영향을 미치고 있는 주요 정치이념을 학습하게 된다.

학교에 따라서는 정치사상의 변화와 발전 추이를 역사적으로 검토하는 것에 초점을 맞추어 정치사상을 교육하는 경우도 있다. 그런 경우에는 〈정치사상사 입문〉이라는 과목을 제공하거나 또는 시기를 좀 더

세분화한 과목을 개설하기도 한다. 〈고대서양정치사상〉, 〈중세서양정치사상〉, 〈근현대서양정치사상〉 등이 그 예다.

이 과목들에서는 정치사상사에 있어 큰 족적을 남긴 인물들의 사상을 소개하거나, 인류의 역사를 시기별로 나누어 각 시대의 주요 쟁점에 대해 그 시대를 살았던 인물들의 생각과 논쟁을 정리하고, 그러한 논쟁이 오늘날에는 어떤 함의를 갖는지를 학습하게 된다.

중국과 한국의 정치사상은 서양과는 다른 역사적 배경을 갖고 있기 때문에 서양정치사상과 구별하여 〈동양정치사상〉이라는 제목으로 강의되는 경우가 많다.

한편 이와 같이 정치사상의 통시적 전개과정에 주독하는 대신, 현대사회에 이르러 특히 쟁점이 되고 있는 정치적 주제와 관련되는 담론의 심층적 이해를 목표로 하는 과목들도 있다. 탈근대주의, 페미니즘, 민족주의, 민주주의, 이상주의, 보수주의, 자유주의. 무정부주의, 사회주의, 공산주의, 나치주의, 또는 문화와 정치, 이데올로기, 휴머니즘, 인권의 문제 등을 집중적으로 파고들어 이와 관련된 다양한 논의를 접함으로써 현재 인간 사회가 당면하고 있는 현안들에 대해 학생들의 이해도를 높이는 과목들이 바로 그것이다.

그리고 광범위한 의미에서 정치학의 연구 방법에 대한 논의 또한 정치사상과 이론의 범주에 포함시키기도 한다. 어떤 주제를 어떤 방법에 의거해 연구하고 분석하는가 하는 문제는 한편으로는 과학의 문제이기도 하지만 한편으로는 규범적 함의를 갖는 문제이기도 하기 때문이다. 여기에 포함되는 과목으로는 〈정치학 방법론〉, 〈합리적 선택이론연구〉, 〈계량정치분석〉 등이 있다.

정치사상은 정치학의 한계를 보여주고 우리가 무엇을 알아야 하며, 무엇을 알지 못하는지를 알려준다.

정치를 개선시키기 위한 끝없는 도전! 비교정치

study #02

어떤 학문인가?

비교정치는 지구상에 있는 많은 나라가 갖고 있는 정치제도나 정치현상에 있어 공통점과 차이점이 무엇이며, 그러한 공통점과 차이점이 나타나는 이유는 무엇인지, 그리고 공통점이 있거나 차이점이 있을 때 그것이 또 어떤 결과를 빚어내는지 등에 대해 연구한다.

즉, 비교정치는 정치학의 분야 중 가장 포괄적이고 다양한 영역을 포함하고 있다. 비교정치는 주로 다양한 국내정치현상을 다루며, 특정 국가의 정치적 경험과 현상을 다른 국가들과의 유사성과 상이성을 통해 비교적 관점에서 이해하려는 방법론적 특징을 갖는다.

비교정치학의 세부영역으로는 정치과정론, 정치제도와 체제론, 국가와 시민사회론, 정치경제학, 정치사회학, 정치심리학, 특정 지역이나 국가에 대한 연구 등이 포함된다.

비교정치는 이러한 연구를 통해 다양한 정치제도들의 장단점을 규명하고, 장점을 가진 제도를 현실 속에서 구현하기 위해 필요한 제반 사회적 조건들이 무엇인지를 밝힘으로써 기존의 정치현실을 끊임없이 개선시킬 수 있는 방법을 모색하기 위한 지적 기반을 마련하는 데 그 의의가 있다고 할 수 있다.

예를 들어 한 나라의 권력구조가 대통령제와 내각책임제 중 어떤 것인지, 왜 나라마다 다른 형태의 권력구조를 가지게 되었는지, 다른 형태의 권력구조를 가진 나라들의 정치적 역학관계는 어떻게 다른지 등에 대한 연구를 한다면 이는 비교정치의 영역에 해당한다.

비교정치 분야는 각 국가의 입법부나 행정부의 비교뿐만 아니라 정치엘리트, 정치적 폭력, 정치적 부패, 정치경제, 정치사회화, 정치문화, 정당이나 이익집단, 정치변동과 발전, 정치참여 등을 포괄한다.

비교정치 분야에서 특히 많이 다루는 주제 가운데에는 정당, 선거, 이익집단, 정치문화, 정치변동 등이 포함된다. 이러한 주제를 다루는 연구 결과 중 재미있는 것을 하나 소개하자면, 한 국가에서 유의미한 활동을 전개하는 정당의 숫자는 선거제도와 밀접한 관련이 있다는 주장이다. 주장을 요약하자면, 비례대표제를 택하는 국가에서는 다당제가 출현할 가능성이 높고, 단순다수결제를 택하는 나라는 양당제일 가능성이 높다는 것이다. 이 말은 결국 선거제도와 정당정치 사이에 인과관계가 있다는 주장으로 다당제가 정국의 불안정을 야기하는 경향이 더 높다는 명제와 결합되면, 비록 비례대표제가 사표(死票)를 최소화시키는 등의 여러 가지 장점이 있긴 하지만 정국의 안정을 꾀하기 위

해서는 순수한 형태의 비례대표제는 채택해서는 곤란하고 불안정을
완화시키는 제도적 장치가 보완되어야 한다는 처방이 나오게 된다.

그 외에도 비교정치학에서는 혁명과 개혁, 경제발전과 정치발전, 리
더십의 문제, 시민사회의 역할 등에 대해서도 주목한다. 결국 비교정
치는 각국의 국내정치의 제반 측면을 심층적으로 탐구하고 이를 비교
분석하는 데 초점이 주어진다.

비교정치는 왜 나라마다 다른 정치형태를 갖는지,
우리 실정에는 어떠한 선거제도가 적합한지 등 다양한 정치제
도의 장단점을 비교하고 각각의 특색을 연구한다.

어떻게 발전했나?

비교정치학은 20세기 초반까지는 법적·제도적 접근이 지배적이었고
미국과 유럽지역에 편중되어 연구가 이루어졌다. 그러나 제2차 세계
대전 이후 사회주의 국가들과 신생독립국가에 대한 학문적 관심이 증
가하면서 정치발전이 비교정치학의 주요 관심 주제로 부상하는 한편,
정치학을 체계화, 과학화하려는 행태주의 혁명이 시작되었다.

1970년대 이후에는 개별 국가 정치현상의 특수성에 주목하는 지역연
구 등에 대한 관심이 지속되었지만 최근에는 경제학, 심리학의 방법
론을 도입하여 정치학의 과학화를 시도하는 합리적 선택이론의 영향
력이 커지고 있다. 그 결과 오늘날에는 정치현상에 영향을 미치는 다

양한 변수들의 상호작용에 대한 과학적 분석을 시도하는 많은 결과가 산출되고 있기도 하다.

우리나라에서의 비교정치 연구는 시대적 환경에 따라 주된 관심사가 변해 왔다. 1950년대와 1960년대에는 당시의 시대적 문제의식이었던 경제발전과 민주적 정치체제에 관한 연구들이 주로 이루어졌으며, 1970년대에 들어서는 당시 한국의 국내외적 조건에서 가장 적합한 정치체제의 특성은 무엇인가에 대한 관심이 증폭되었다.

1980년대는 한국정치와 사회의 전환기이자 한국정치학 넓게는 사회과학의 전환기이기도 했다. 이 시기에 역사와 사회에 대한 비판적 인식을 강조했던 한국현대사 연구, 그리고 한국문제의 세계적 맥락에서의 총체적 시각을 주장했던 종속이론과 비판적 정치경제학의 수용, 비교민주주의 연구 등이 중점적으로 다루어졌다.

1990년대 이후 사회주의의 붕괴와 신생민주주의의 등장, 탈냉전 국제질서의 도래, 경제의 세계화, 한국 민주주의의 공고화 등이 맞물리는 다층적 변화의 시기를 맞이하여 비교정치학 분야는 많은 새로운 연구주제를 개척하게 된다. 여기에는 구사회주의권 국가들과 중국의 경제개혁의 정치적 영향, 구사회주의권 국가들의 민족문제와 민주주의의 가능성, 라틴아메리카 정치경제의 변화와 한국과의 비교연구, 세계화와 민주주의의 관계, 민주화 이후의 한국 민주주의의 성과와

한계 등 중요한 학문적 의미를 가지는 연구들이 포함된다.

정치학의 과학화와 맥을 같이하고 있는
비교정치의 발전은 서구 국가의 법제도적 측면에 대한
서술에서 제3세계의 정치발전에 대한 관심으로 이어지게 되고,
오늘날에는 정치현상에 영향을 미치는
다양한 변수들에 대한 과학적 분석이 주종을 이루고 있다.

어떤 과목들을 배울까?

과목 알아보기

비교정치론	시민사회와 사회운동	러시아정치론
정치변동론	사회주의체제연구	일본정치론
비교정치경제론	정치과정론	유럽정치론
의회정치론	국가와 시민사회	동남아정치론
정당론	국가론	중동정치론
선거론	미국정치론	제3세계정치론
정치권력과 리더십	중국정치론	정보화 시대의 정치경제

① 지역별, 나라별

비교정치 과목에는 나라의 이름이 붙은 과목이 많다. 〈미국정치론〉,
〈일본정치론〉, 〈중국정치론〉, 〈러시아정치론〉 등의 과목을 통해 이
나라들의 권력구조가 어떻게 편성되어 있고, 주요 정치행위자는 누구
이며, 이들 간의 역학관계에 영향을 미치는 제도적·사회적 환경은

어떻게 구성되어 있는지, 그리고 각국이 당면하고 있는 주요 현안은 무엇이며, 이에 대한 각국의 대응은 어떤 유사성과 차이점을 갖고 있는지 등을 공부하게 된다.

이와는 성격을 조금 달리하지만 〈유럽정치론〉, 〈동남아정치론〉, 〈중동정치론〉, 〈중남미정치론〉, 〈아프리카정치론〉 등이 개설되기도 한다. 이들 과목은 어느 한 나라에 초점을 맞추는 것이 아니라 특정 '지역'에 속해 있는 국가를 한꺼번에 묶어서 공부를 하게 된다. 물론 이들 지역에 속해 있는 국가를 따로 떼어내 〈영국정치론〉, 〈프랑스정치론〉, 〈태국정치론〉 등으로 수업을 만들 수도 있을 것이다.

그러나 그렇게 하지 않고 지역을 하나의 단위로 묶어서 수업을 하는데는 현실적 이유와 학문적 이유가 모두 있다. 먼저 현실적인 이유로는 각 국가를 일일이 다 따로 가르치고 공부하기에는 지구상의 나라가 너무 많다는 것이다. 그리고 그 많은 나라들 중에서는 아무래도 우리에게 있어서 중요성이 큰 나라도 있고, 그렇지 않은 나라도 있다.

사실상 한 나라를 한 과목의 주제로 구성하는 경우는 우리나라에서는 미국, 일본, 중국, 러시아가 전부라고 할 수 있다. 그 이유는 이들 국가가 우리에게 있어서 외교적으로나 경제적으로 중요성이 매우 큰 이른바 '주변 4강' 국가들이기 때문이다. 우리가 이들을 상대함에 있어 제대로 된 전략을 구사하기 위해서는 이들 나라에 대한 심층적인 이해가 필수적이라는 점에서 이들 국가들에 대해서는 하나의 과목을 따로 할애하게 된 것이다.

반면 유럽이나 동남아, 중동이나 중남미 등에도 우리에게 중요한 의미를 갖는 국가들이 많지만 아무래도 주변 4강 국가에 비해서는 국가의 규모, 우리와의 접촉 빈도 등에 있어 중요성의 정도가 덜 할 수밖에 없다. 물론 유럽연합은 우리나라에게 있어서는 중국 다음으로 큰 제2위의 교역 상대국이기도 하다. 그러나 그것은 어디까지나 유럽연합 27개국을 묶어놓았을 때의 이야기고 유럽연합의 개별 회원국 차원에서 보자면 이들 국가들이 우리에게 있어 주변 4강에 필적하는 중요성을 갖는다고 보기는 어려운 형편이다.

중동, 동남아시아도 그렇고 중남미 국가들도 마찬가지다. 또 이 지역에 속하는 국가들을 개별적으로 다루는 과목을 일일이 다 만들어서 강의를 한다면 과목 수가 너무 많아진다. 관심을 갖는 수강생이 얼마나 될지도 모를 일이다. 따라서 이들 국가들은 하나의 지역으로 뭉뚱그려 수업을 하는 것이 불가피한 것이다.

이러한 현실적인 이유 외에 이 지역의 국가들을 한꺼번에 묶어서 공부를 하는 데는 학문적으로 그만한 타당성이 있다. 유럽이면 유럽, 중동이면 중동 국가들은 오랜 기간 역사와 문화를 공유해 왔다. 그렇기 때문에 한 지역에 속해 있는 국가들 간에는 문화적 전통, 종교적 성향, 그리고 경제발전의 수준이나 정치제도 등에 있어 많은 공통점을 가지고 있다. 그럼에도 불구하고 국가들마다 나름대로의 정치제도나 사회적 전통들이 차별적으로 형성되어 있다. 각 국가가 처한 대외적 환경, 지리적 조건, 인적 구성 등이 서로 다를 수밖에 없기 때문이다.

즉 이들 국가들은 크게 보면 같은 문화권에 속해 있기 때문에 많은 공통점들이 있지만, 사회경제적 조건이나 역사적 경험에 있어 차이가 있기 때문에 이러한 공통점과 차이점이 정치적으로 어떤 유사성과 차별성을 빚어내는지를 관찰할 수 있는 좋은 연구대상이기도 하다. 어떻게 보면 이들 지역의 국가들에 대한 연구야말로 진정한 의미에서의 비교정치 연구이기도 한 것이다. 이런 의미에서 유럽이나 중동, 중남미나 동남아 등의 관심 분야에 대한 학습은 이 지역에 속한 개별 국가에 초점을 맞추는 것보다 지역 수준에서 통합적으로 이루어지는 것이 더 효과적일 수 있는 것이다.

미국, 중국, 일본, 러시아 등과 같은 개별국가에 초점을 맞추어 진행하는 수업에서는 대체로 현존하는 정치제도가 도입된 배경과 과정에 대해 공부를 하고, 현행 헌법에 규정된 정치 제도에 관련된 사항들을 공부한다. 권력구조, 정부의 구성, 선거제도, 정당제도가 그것에 해당한다.

권력구조에 관련된 논의는 대통령제 또는 내각책임제 중 어떤 정치제도를 채택하고 있으며, 대통령제일 경우 임기와 연임 및 중임 가능성은 어떻게 규정되어 있는지 등을 포함한다.

정부의 구성에 관해서는 입법부와 행정부, 그리고 사법부의 관계는 어떻게 형성되어 있는지, 정당과 정부의 관계는 어떠한지, 정치권력

이 중앙정부에 집중되어 있는지 아니면 연방제를 통해 분산되어 있는지, 그리고 입법부는 양원제인지 단원제인지 등을 배우게 된다.

나아가 대통령이나 의원 선거에 결선투표제가 있는지 아니면 한 차례의 투표로 끝나는지, 국회의원 선출방식은 소선거구제인지 또는 비례대표제인지, 정당구조는 다당제인지 양당제인지, 혹은 일당독재 형태인지, 그리고 이해관계를 달리하는 사회 내의 다양한 세력들의 선호와 힘이 결집되고 또 서로 상호작용하는 이익집단 정치의 양상은 어떠한지에 대해서도 학습하게 된다. 노동조합이나 기업가 집단, 군부의 정치적 영향력에 대한 분석 등이 여기에 포함된다

뿐만 아니라 어떤 형태로든 과거의 집단적 기억이 사람들의 정치의식이나 행동에 영향을 미친다는 점에서 나라마다 겪어온 역사적 경험이 다름으로 인해 나타나는 정치문화의 특징 또한 주요 관심의 대상이 된다.

학생들은 이와 같은 내용을 배우면서 각국이 가지고 있는 독특한 정치제도와 정치문화가 어떤 의미를 가지며, 각국의 정치현상에 구체적

비교정치 과목의 상당 부분은 외국의 정치제도와 그 의미를 학습하는 데 초점을 맞추고 있다. 미국, 중국, 일본, 러시아 등의 주요 국가는 한 국가가 한 과목의 주제를 구성하는 한편, 유럽이나 중동, 동남아시아, 남미 등의 국가들은 개별국가로서가 아닌 국가군으로 묶어져 강의되기도 한다.

으로 어떤 영향을 주는지를 함께 공부하게 된다.

② 국내정치의 특정 측면

비교정치에는 국가별 또는 지역별 관심에서 비롯되는 과목들과는 별개로 국내정치의 특정 측면에 초점을 맞추어 여러 나라에 대한 비교 연구를 시도하는 과목들도 있다. 이러한 과목들로는 〈의회정치론〉, 〈정당론〉, 〈선거론〉, 〈시민사회와 사회운동〉, 〈이익집단과 NGO〉 등이 있다. 그 외에도 주로 현대 자본주의 시대의 정치와 경제의 상관관계를 다루는 〈비교정치경제〉, 정보화와 세계화가 진행됨에 따라 나타나는 정치경제적 파급효과에 주목하는 〈정보화시대의 정치경제〉, 사회주의 국가들의 정치경제적 경험을 연구하는 〈사회주의 체제연구〉, 개발도상국에서 특징적으로 나타나는 정치경제적 현상을 중점적으로 공부하는 〈제3세계 정치론〉, 국가와 시민사회의 상호작용에 초점을 맞추는 〈국가론〉, 〈국가와 시민사회〉 등의 과목도 있다.

> 비교정치는 정치학의 분야 중 가장 포괄적이고 다양한 영역을 포함하고 있다.

사실 어떻게 보면 비교정치란 말은 말 그대로 정치현상을 비교하는 것이라고 할 수 있다. 여기에서의 비교는 여러 나라의 정치현상에 대한 비교일 수도 있고, 같은 나라에서 여러 시점에 발생한 정치현상에 대한 비교일 수도 있다. 나아가 국제기구들 간

의 비교일 수도 있고, 시점을 달리해 발생한 전쟁에 대한 비교일 수도 있는 것이다.

따라서 만일 비교정치의 의미를 '비교'에 중점을 두어 이해할 경우 비교정치란 결국 정치현상을 분석하고 설명함에 있어 '비교'의 방법을 채용하는 모든 정치학 연구를 포함하게 된다. 예컨대 제1차 세계대전과 제2차 세계대전의 비교, 미국과 소련의 외교정책 비교, 냉전기 남한과 북한의 경제발전전략 비교, UN과 국제연맹의 비교, 유럽과 동아시아에서의 미국의 패권 행사 방식에 대한 비교 등이 모두 비교정치의 영역에 속하게 되는 것이다. 그러나 일반적으로 이러한 주제들은 비교정치보다는 국제정치의 영역에서 다루게 된다. 왜냐하면 통상 비교정치의 영역은 '비교'의 기법을 중요시하는 방법론적 특성을 가지면서 국내정치에 초점을 맞추는 연구에 한정함으로서 국제정치의 영역과 구별하고 있기 때문이다.

물론 많은 학자들이 인정하고 있듯이 비교정치 분야와 국제정치 분야에는 서로 중첩되는 경우가 많다. 특히 세계화의 영향으로 국가들 간의 정치경제적 상호의존관계가 심화되면서 비교정치학과 국제정치학

비교정치란 사실 정치현상을 연구함에 있어
비교의 기법을 사용한다는 의미이다.
따라서 비교정치에서는 여러 나라 국내정치의
제 측면에 대한 비교분석을 통해 차이점과 공통점을 찾아내
그 정치적 의미를 파악하는 작업을 수행한다.

간의 긴밀한 대화가 요구되는 경우가 많이 발생하고 있다. 그럼에도 불구하고 굳이 비교정치와 국제정치를 구별하는 이유는 두 영역에서 주로 사용하는 개념과 이론이 제법 다르기 때문이다. 예컨대, 국내정치에서 정당들이 서로 갈등하고 경쟁하는 것과 국제정치의 무대에서 국가들이 서로 경합하는 것은 매우 다른 현상이며, 이들 현상을 서술하고 설명함에 있어서는 질적으로 다른 개념과 이론을 사용하게 되는 것이다.

국가 간의 상호작용을 주목해라! 국제정치

어떤 학문인가?

국제정치학은 국가들 간의 관계에 관한 연구다. 국제정치는 특히 전쟁과 평화, 세력균형, 패권국가의 부침, 군비 경쟁, 외교 협상, 핵문제 등에 초점을 맞추는 외교안보 관련 연구와 무역, 금융, 다국적 기업, 경제통합, 환경, 빈곤과 원조 등에 관심을 갖는 국제정치경제 관련 연구를 포괄한다. 국제정치는 한 국가 내의 정치와는 달리, 최고의 권위를 가진 정부와 같은 존재가 없는 상태에서 전개되는 정치현상이라는 점에서 특수성을 갖는다.

즉, 국내정치는 권위의 위계가 존재하는 상태에서 진행되는 반면, 국제정치는 그러한 위계가 존재하지 않는 무정부상태에서 진행된다는 것이다. 따라서 국제정치의 주된 질문은, 무정부상태 속에 놓여 있는 국가들이 어떤 조건하에서 서로 평화롭게 협력 관계를 맺으며, 어떤 조건하에서 서로 간에 갈등이 발생하고, 어떤 경우에 그것이 증폭되어 전쟁에까지 이르는지에 대한 것이다.

비교정치가 각 국가의 국내 정치에 대해 주로 관심을 두고 있다고 한다면, 국제정치는 이와는 달리 국가 간의 상호작용 속에서 빚어지는 정치현상에 연구의 초점을 맞춘다. 국제정치의 주된 관심사는, 전쟁은 왜 일어나는가? 평화의 조건은 무엇인가? 국가들 간의 협력을 촉진하기 위해 국제기구는 어떠한 역할을 하는가? 국가 간의 상호작용의 결과를 결정하는 요인은 무엇인가 등이다.

국내정치와는 달리 정부와 같은 최고의 권위가 존재하지 않는 무정부상태하에서의 국가 간의 관계를 연구하는 것이 국제정치학이다.

어떻게 발전했나?

국제정치학이 하나의 독자적인 학문 분야로 인정받기 시작한 것은 제1차 세계대전 종결 이후다. 그러나 국제정치의 논리와 사고는 기원전 5세기 후반에 활동한 고대 그리스의 역사가 투키디데스로부터 이미 시작되었다고 볼 수 있다.

근대의 주권국가 개념이 확립되기 시작한 1648년 웨스트팔리아 체제의 등장 이래 국제정치는 전쟁과 평화, 힘의 논리에 대해 연구해 왔다. 이는 국제사회를 무정부상태라 간주하고 국가를 유일한 행위자라고 보아 국가들 사이에 힘의 균형을 핵심이라고 여기는 현실주의 이론으

로 발전하게 되며 국제정치 패러다임의 한 축을 이루게 된다. 그러나 반세기에 걸쳐 일어난 제1, 2차 세계대전은 힘의 논리가 얼마나 공허하며 위험할 수 있는지를 보여주었고, 이에 국제정치를 제도와 협력으로 풀어내려는 이상주의, 자유주의 물결이 활기를 얻어 현실주의와 열띤 학문적 대결을 펼치게 된다. 현재까지는 이 두 축을 중심으로 수많은 국제정치 이론들이 파생되고 있으며, 이에 도전하고자 하는 국제정치학자들의 고심 또한 계속되고 있다.

이후 탈냉전에 접어든 국제정치는 더욱 빠른 속도로 변하고 있다. 세계화에 따른 다양한 분야의 초국가적 이슈들이 급증하였으며 환경안보, 경제안보, 인간안보, 마약과 국제범죄 이슈, 테러리즘 등 다양한 비전통안보 혹은 포괄적 안보문제가 국제관계연구의 주요 주제로 부상하였다.

이와 더불어 국제기구, 비정부단체, 다국적기업과 같은 다양한 행위자가 등장하고 있다. 더욱이 9 · 11 테러사건 이후 국제사회는 한층 복잡한 양상을 띠게 되면서 국제정치학은 보다 다각적이고 체계적인 학문적 접근을 필요로 하게 되었다.

전쟁과 평화의 문제는 국가존립의 문제와 직결되어 있을 뿐만 아니라 정책결정의 가장 핵심적인 요소가 되기 때문에, 국제정치는 정치학자들의 중요한 연구 분야의 하나다. 국제정치 연구의 초점은 국력의 차이를 만들어 내는 자원의 문제, 경쟁국 간의 세력균형을 유지시키거나 파괴시키는 조건들, 각 국가들 간에 이루어지는 커뮤니케이션 과정의 특징, 국가 간의 동맹체제, 경제적 갈등과 상호의존성의 관계, 군축문제, 국제평화와 협조를 도모하는 국제기구, EU와 같은 지역공동체, 그리고 각 국가의 외교정책 등이다.

제1차 세계대전 종결 이후 본격적으로
발전하기 시작한 국제정치학은 전쟁과 평화, 국가안보,
국제기구, 지역통합, 외교정책 등을 주로 연구한다.

어떤 과목들로 배울까?

과목 알아보기

국제관계 입문	국제평화연구	지구화시대의 정치
국제관계이론	전쟁론	동북아국제관계
국제정치사	국가안보와 정보	동아시아국제관계
국제기구론	현대국제안보론	한국외교정책론
국제분쟁론	환경정치론	중국외교정책론
외교정책론	비전통안보연구	미국외교정책론
국제협상론	국제사회의 갈등과 협력	일본외교정책론
국제정치경제	국제문화론	
국제법	탈근대세계정치론	

국제정치 분야에서 가르치는 과목으로는 일단 가장 기초적인 〈국제관계 입문〉 또는 〈국제정치학 개론〉 등으로 불리는 입문 수준의 과목이

있다. 여기에서는 국제정치학의 기본개념과
주요 이론에 대한 입문적 지식의 학습을 목적
으로 한다.

그 외에 국제정치현상에 대한 체계적 이해를
위해 발전되어 온 제반 이론을 심층적으로 공부
하게 되는 〈국제정치이론〉, 주로 19세기 초반 프랑스 혁명전쟁 이후
전개된 근현대 국제정치의 역사에 초점을 맞추는 〈서양외교사〉, 이 시
기 동양에서의 국제정치적 사건을 역사적 관점에서 다루는 〈동양외교
사〉, 이 둘을 합친 〈국제정치사〉 등의 과목이 있다.

국제정치사 또는 외교사에서 19세기 이후의 시기를 다루는 것은 이른
바 오늘날 우리가 목격하고 있는 근대 국가체제가 완성되어 '국가'라
는 존재가 국제정치의 주된 행위자로 본격적인 활동을 하기 시작한
것이 19세기이기 때문이다. 물론 19세기 훨씬 이전부터 근대민족국가
가 존재한 것은 사실이다. 그러나 19세기 이전까지만 하더라도 근대
민족국가는 도시국가, 도시 연합, 제국 등의 통치형태와 공존해 왔다
는 점에서 본격적인 근대민족국가의 시대는 19세기라 할 수 있다.

국제정치에 있어 가장 중요한 주제는 무엇보다도 전쟁과 평화의 문제
이며, 그 가운데서도 국가 간의 힘의 분포와 전쟁 발발 가능성의 상관
관계가 많은 주목을 받고 있다. 예컨대 강대국의 수와 평화의 가능성
에 대한 논쟁이 그것이다.

탈냉전기에서처럼 하나의 초강대국만이 존재하는 단극체제, 냉전기

와 같이 2개의 초강대국이 경합하는 양극체제, 제1차 세계대전 이전의 상태와 같이 엇비슷한 힘을 가진 여러 강대국이 각축하는 다극체제 중 과연 어떤 상황에서 주요 국가들이 서로 패권을 다투는 대규모 전쟁의 가능성이 높은지에 대해 연구한다.

물론 모든 전쟁이 패권 전쟁은 아니라는 점에서 전쟁을 촉발시키는 다른 요인들에 대한 연구도 국제정치학자들에 의해 활발히 진행되고 있다. 전쟁의 원인에 대한 규명과 이해가 선행될 때, 평화를 구축하기 위한 로드맵이 그려질 수 있을 것이기 때문이다. 그런데 여기에서 말하는 평화는 대체로 전쟁 없는 상태로서의 평화, 즉 소극적 평화를 의미한다. 그러나 전쟁이 없다고 해서 우리가 평화라는 말에서 느끼는 안온함이 항상 보장되는 것은 아니다. 그것이 긴장된 평화일 수도 있고, 국가 간의 평화 뒤에 가려진 국내적 탄압과 착취의 상황이 있을 수 있기 때문이다. 따라서 진정한 평화는 '적극적 평화'가 구현되었을 때 가능하다고 보는 관점이 있다.

소극적 평화가 '전쟁이 없는 상태'를 이른다고 한다면, 적극적 평화는 전쟁의 원인이 될 수 있거나 사회체제 내에 갈등을 불러일으킬 수 있는 구조적인 폭력이 없는 상태를 의미한다. 적극적 평화는 말하자면 국가 간에 전쟁과 폭력이 없을 뿐 아니라, 국가 간, 또는 국가 내부적으로 정치적 억압과 경제적 수탈이 없고, 문화나 종교가 폭력을 조장하지 않는 상태를 뜻한다는 것이다. 이상과 같은 논의를 주로 다루는 정치외교학과의 과목으로는 〈전쟁론〉, 〈국제분쟁론〉, 〈국제평화연구〉

등이 있다.

국제정치란 무정부상태 속에서 이루어지는 국가들 간의 상호작용이며 그 결과 국가들 간의 갈등으로 인해 발생하는 전쟁은 필연적인 현상이긴 하지만, 이것이 곧 국가들 간의 관계가 아무런 규칙이나 규범이 없는 가운데 이루어지는 것을 의미하는 것은 아니다.

국내법과 같은 수준의 완성도와 강제력을 가진 것은 아니지만, 오랜 시간을 거쳐오면서 국제관습법, 조약, 문명국가들이 인정한 법의 일반원칙 등에 의거해 국가들 간의 상호작용을 규율하는 국가들 간의 합의인 국제법이 발생하게 된다. 이러한 국제법의 효력과 한계 등을 공부하는 〈국제법〉은 때로는 법학과에서 가르치기도 하지만, 정치외교학과에서 강의하는 경우도 많이 있다.

국제법과 더불어 국제정치의 무정부성이 곧 혼란과 무질서, 갈등과 전쟁으로 귀결되는 것을 방지하는 역할을 하는 여러 가지 메커니즘에 대한 관심을 반영하는 여러 과목들이 있다. UN을 비롯한 다양한 국제기구의 역할과 생성배경 등을 가르치는 〈국제기구론〉, 경제적 상호의존 관계의 심화가 국제정치의 갈등과 평화에 어떤 영향을 미치는지를 탐구하는 〈국제정치경제〉, 민주주의 정치체제의 내재적 속성이 국가의 호전성(好戰性)에 미치는 영향을 논

근래 들어 새로이 쟁점으로 부각되고 있는 국제정치의 주요 사안에 초점을 맞춘 주제별 과목을 운영하고 있기도 하다.

의하는 〈민주평화론〉 등이 그것이다.

특히 우리나라는 경제의 대외교역의존도가 70%에 달할 정도로 무역의 중요성이 큰 개방경제체제를 갖고 있어 대외경제정책의 수립과 집행에 있어 사려 깊은 결정을 하는 것이 국가의 명운을 좌우할 수 있다. 따라서 국제정치경제의 동향을 파악하고 이에 대한 대응 능력을 배양하는 데에 도움이 되는 국제정치경제 과목이 최근 들어 많은 관심을 받고 있다.

아울러 국제정치란 국가들 간의 상호작용이 빚어내는 현상이고, 국가들 간의 상호작용은 각 국가들의 외교정책이 만나는 지점에서 이루어진다. 따라서 국제정치 분야의 과목에는 국가들의 외교정책의 결정과정과 외교정책 형성에 영향을 주는 제반 요인들에 대한 이론적 논의와 경험적 분석을 강의하는 〈외교정책론〉이 포함된다.

그리고 위에서도 언급한 바와 같이 우리나라에게 있어서는 주변 4강과의 관계가 중요할 수밖에 없기 때문에 많은 학교에서 〈미국외교정책〉, 〈일본외교정책〉, 〈중국외교정책〉, 〈러시아외교정책〉 과목을 개설하고 있다.

그 외에도 각 학교에서는 근래 들어 새로이 쟁점으로 부각되고 있는 국제정치의 주요 사안에 초점을 맞춘 주제별 과목을 운영하고 있기도 하다. 산업화의 급속한 진전과 확산에 따른 지구환경의 오염, 자

원의 고갈, 생물 다양성의 감소 등의 문제가 인류의 미래를 위협하는 요인이 되고 있다는 인식이 확산되면서 이러한 문제를 심층적으로 다루고 있는 과목들도 여러 학교에서 개설되고 있다.

과거에는 안보 위협이 주로 외국으로부터의 군사적 침략을 의미했으나, 오늘날에는 국제 테러, 마약의 거래나 인신매매와 같은 국제범죄, 특정 인종집단이나 종교집단 등의 소수자에 대한 공격 등과 같이 과거에는 부각되지 않았던 새로운 형태의 안보 위협 요인이 부각됨에 따라 이러한 문제들을 다루는 강의가 속속 만들어지고 있다. 그 예로 〈환경정치론〉, 〈비전통안보연구〉, 〈탈근대세계정치론〉, 〈지구화시대의 국제정치〉 등이 이에 해당된다.

또한 미국의 정치학자 새뮤얼 헌팅턴에 의해 유명해진 '문명충돌론'과 같이 종교, 이념, 전통 등의 문화적 요인이 국제정치에 미치는 영향을 중점적으로 공부하는 〈국제문화론〉, 경제적 세계화의 진전에 따라 군사안보 못지않게 경제안보의 중요성이 날로 증가하면서 해외정보의 수집과 분석의 능력이 국가 간의 경쟁에서 우위를 점하는 데 있어 결정적인 영향을 미칠 수도 있다는 인식하에 첩보 활동과 국가안보의 관계를 집중 조명하는 〈국가안보와 정보〉 등의 과목도 최근 국제정치의 트렌드를 반영한 과목들이다.

우리나라는 지정학적으로 세계 4대 강국인 미국, 중국, 일본, 러시아가 각축하는 동북아시아에 위치해 있다. 따라서 우리나라는 글로벌 수준에서의 국제정치에 의해서도 많은 영향을 받지만, 우리에게 동북아시아 또는 동아시아의 국제정치적 역학관계가 무엇보다도 중요하다는 점에서 주변 4강과 남북한, 그리고 때때로 동남아 지역의 국가까지 포괄하는 〈동북아 국제관계〉 또는 〈동아시아 국제관계〉가 대체로 모든 학교에서 강의되고 있다.

> 국제정치학에서는 19세기 이래 국제정치의 역사,
> 전쟁과 평화의 문제, 각국의 외교정책, 국제정치와
> 국제경제의 관계 등을 주로 공부한다.

국제정치적 쟁점으로서의 환경문제

최근 새로이 국제정치의 영역에서 심층적으로 연구되고 있는 것이 바로 '환경정치'다. 환경문제가 왜 국제정치적 쟁점이 되는가? 환경문제는 주로 자연과학의 영역에서 풀어야 되는 문제 아닌가?

환경문제가 국제정치적 문제인 것은 국가 간의 갈등을 빚어내고 있기 때문인 동시에, 국가 간의 협력이 절실히 요청되고 있기 때문이기도 하다.

환경문제가 갈등을 빚고 있는 이유를 살펴보자. 예를 들어 《아름답고 푸른 도나우 강》이라는 요한 스트라우스의 유명한 왈츠곡 덕분에 우리에게 그 이름이 친숙한 도나우 강은 과거부터 많은 유럽 국가 간의 이해관계가 얽혀있는 강이기도 하다. 그 이유는 이 강이 독일에서 시작해 흑해로 흘러 들어가기까지 모두 8개국을 거치기 때문이다.

과거에는 하천을 통한 물류의 이동이 빈번히 이루어졌기 때문에 하천의 관리가 국가들 사이에 민감한 문제였다. 그 결과 유럽에서는 도나우 강의 항행 관리를 위한 국제기구가 설립될 정도였다. 그러던 것이 오늘날에는 항행 문제보다는 수질 오염이나 수량의 조절이 국가들 사이에 주요 쟁점으로 떠오르고 있다. 예컨대 상류에 위치한 국가가 오염된 공업용수를 제대로 정화하지 않고 그대로 강물이 흘려보낼 경우 하류에 있는 국가들은 피해를 볼 수밖에 없다. 오염된 물을 농업용수로 사용하거나 식수로 쓰기가 어렵기 때문이다. 또한 상류에 있는 국가가 댐을 건설하여 자신의 필요에 맞게 수량을 조절하기 위해 물을 가두어 두거나 방류를 한다면 하류에 있는 국가들은 때로는 가뭄에, 때로는 홍수에 시달리게 될 것이다.

이와 같이 환경오염의 피해는 한 나라 안에서만 머무르지 않고 국경을 넘어 다른 나라에도 피해를 주기 때문에 환경의 문제는 국가 간의 쟁점이 되기에 충분한 문제인 것이다. 우리나라만 해도 매년 봄 편서풍을 타고 찾아오는 황사 때문에 전 국민이 해마다 곤욕을 치르는데, 이 황사가 중국의 공업지대에서 내뿜는 중금속성 오염 물질을 실어온다고 알려져 있다. 문제는 중국 내륙지방의 사막화가 광범위하게 진행되면서 황사현상은 해가 지날수록 더 심해지고 있고, 중국의 산업화가 가속적으로 진행되면서 중국의 환경문제는 더욱 악화되고 있다는 점이다. 황사를 타고 넘어오는 중국의 환경오염물질은 우리나라뿐만 아니라 나아가서는 일본 열도, 그리고 멀게는 미국의 서부 해안에까지 이른다고 한다. '환경문제의 초국경성'을 잘 보여주는 예가 아닐 수 없다.

① 국제정치의 논쟁으로 떠오른 지구 온난화

환경문제는 이와 같이 이웃국가들 간의 문제가 될 수도 있지만, 글로벌 차원에서의 문제를 야기하기도 한다. 최근 많이 논의되고 있는 지구 온난화의 문제 등이 그것이다. 지구 표면의 온도 변화는 여러 가지 변수에 의해 영향을 받겠지만, 현재 진행되고 있는 지구 온난화의 원인은 석유나 석탄 같은 화석연료를 태울 때 발생하는 이산화탄소(CO_2)가 주범이라고 한다. 이산화탄소는 태양으로부터의 복사열이 외계로 다 빠져나가지 못하게 잡아주는 온실가스의 역할을 하는데, 산업화의 과정에서 화석연료의 사용이 증가함에 따라 대기 중 이산화탄소의 비중이 지나치게 커져 온실효과가 과도하게 발생함으로써 지구 온난화 현상이 생긴다는 것이다. 지구 온난화가 지속적으로 진행될 경우, 그 파급효과가 무엇일지에 대해 정확하게 예측하기는 어렵다. 하지만 적어도 생태계가 크게 교란되는 등 지구 환경에 심대한 변화, 어쩌면 재앙에 가까운 변화가 초래될지도 모른다는 불안감은 누구나 가지고 있을 것이다.

2004년 우리나라에서도 개봉되었던 영화 『투모로우(The Day after Tomorrow)』는 지구 온난화가 불러올 수 있는 재앙을 잘 보여주고 있

다. 온난화의 영향으로 녹아내린 북극해의 빙하가 지표면 해수의 온도 변화를 초래해 지구 전체에 빙하기를 몰고 온다는 내용이 영화의 줄거리다. 과연 그 시나리오가 그대로 실현될지는 알 수 없지만, 아무튼 지구 환경에 큰 변화가 초래될 수도 있다는 점, 그리고 이에 대해 많은 사람들이 크게 불안해하고 있다는 점을 알 수 있다.

아직 그 정도의 규모는 아니지만, 우리나라만 하더라도 여름이 길어지고 겨울이 짧아지면서 이제는 더 이상 온대 기후가 아니라 아열대성 기후로 분류되어야 한다는 말이 나올 정도로 기후 변화를 피부로 느끼고 있다. 우리나라를 둘러싸고 있는 바닷물의 온도가 올라가 근해에서 잡히는 어종이 달라지고 있고, 과거에는 남부지방에서만 재배가 가능하던 작물의 경작 한계선이 점차 북상하고 있으며, 외래종의 곤충이나 양서류가 우리나라에서 갑작스럽게 크게 번식하는 현상이 나타나고 있는 것도 온난화의 증거다.

만일 지구 온난화가 우리가 원치 않는 재앙을 가져온다면, 우리는 힘과 지혜를 모아 이를 막아야 한다. 어떻게 막을 수 있을 것인가? 지구 온난화의 급속한 진행을 막기 위해서는 무엇보다도 이산화탄소의 배출을 줄여 대기 중 온실가스의 비중을 낮추어야 한다. 그런데 이것은 한두 나라의 노력만으로는 될 일이 아니다. 전 지구적 협력이 필요한 사안이다. 특히 이산화탄소를 많이 배출하는 나라들 간의 협력이 절실히 필요하다. 미국, 유럽, 일본과 같은 선진국, 우리나라나 대만, 멕시코와 같은 신흥공업국가, 중국, 러시아, 인도, 브라질과 같은 신흥경제국 등 기존의 산업 구조와 생활 습관이 막대한 에너지의 소비를 필요로 하는 국가들은 모두 온실가스의 배출을 줄이는 노력에 동참해야한다. 그러나 화석연료를 대신할 수 있는 대체 에너지가 아직 개발되지 않은 상태에서 에너지의 사용을 줄인다는 것은 곧 경제성장의 저하와 생활수준의 후퇴를 가져오기 때문에 각국은 서로 책임의 전가에급급한 모습을 보이고 있다.

이미 상당 수준의 환경기술을 확보했으며, 온실가스 감축에 가장 적극적인 유럽은 중국이나 인도와 같은 개발도상국들도 조속히 온실가스의 배출을 현저히 줄여야만 지구 온난화의 문제 해결에 기미가 보일 것이라고 주장하고 있다. 한편 중국과 같은 개발도상국들은 지금까지 축적된 온실가스의 상당 부분은 산업화를 먼저 시작한 서구 선진국들이 배출한 것인 만큼, 이제 와서 환경문제를 이유로 개도국의산업화를 막아서는 안 된다는 입장을 보이고 있다. 만일 개도국의 온실가스 배출량을 줄이기를 원한다면 선진국이 환경기술의 무상 이전 등을 통해 개도국의 환경 개선 노력을 지원해야 한다는 주장을 펴고있다. 선진국들이 산업화 과정에서 지불하지 않았던 환경 부담금을개도국들이 단지 산업화의 후발주자라는 이유만으로 떠안을 이유가없다는 것이다. 그러나 유럽은 환경기술이란 모두 사기업에서 이윤창출을 목적으로 개발된 것인데, 그것을 개도국에게 무상 이전하기는

어렵다는 입장을 고수하고 있다. 한편 미국은 중국과 함께 온실가스를 가장 많이 배출하는 나라이지만, 이산화탄소를 흡수할 수 있는 나무가 많기 때문에 온실가스의 배출과 흡수를 동시에 고려하면 순 배출량이 크지 않으므로 온실가스 배출량 감축을 일방적으로 요구하는 유럽의 안은 수용할 수 없다는 입장이다.

지구 온난화는 현재 빠른 속도로 진행되고 있어 해결책의 모색이 시급하다. 하지만 지구상의 모든 주요 국가들의 적극적인 협조가 없이는 해결되기 어려움에도 불구하고, 각 국가들은 각각의 경제적 이익의 문제로 서로 의견을 달리 하고 있어 협력이 여의치 않은 형편이다. 결국 지구 온난화의 방지라는 공공재의 제공을 위해 누가 언제 어느 만큼의 비용을 지불할 것인가의 문제에 있어서의 갈등 해소를 필요로 하고 있다는 점에서 국제정치 영역에서 다루어지는 사안이 되는 것이다.

환경문제는 얼핏 자연과학의 영역에서만 다루어지는 문제로 인식되기 쉽지만, 국경을 넘어 여러 나라가 공동으로 맞닥뜨리게 되는 문제인 동시에, 문제 해결을 위한 비용의 부담에 있어 국가 간의 갈등이 빚어질 수 있다는 점에서 전형적인 국제정치의 문제이기도 하다.

우리 고유의 정치현상을 탐구해라! 한국정치

한국정치는 주로 우리나라 안에서 나타나는 정치현상의 제반 원인과 그 결과에 대한 탐구에 초점을 맞추는 연구 분야다. 여기에서는 우리나라의 정치제도, 우리나라 사람들의 이념적 성향, 우리나라의 사회구조, 우리가 물려받은 역사적 유산 등이 정치에 어떤 영향을 미치는지, 또한 정치적 행위의 결과가 거꾸로 기존의 제도와 이념적 성향, 사회구조 등에 어떤 변화를 초래하는지에 대한 질문에 대답을 구하고자 한다.

우리나라의 정치사, 정치 제도에 대한 연구가 주로 이에 해당되며, 지역주의의 문제, 시민사회의 성장, 양극화의 진행, 고령 사회 도래 이후의 한국정치 전망 등이 최근 많은 관심을 끌고 있는 토의 주제이기도 하다.

한국정치 분야는 사실 우리가 한국인으로서 우리의 문제에 가장 관심이 많을 수밖에 없다는 점에서 별도의 분야로 상정할 수 있지만, 엄격

미리보는 대학생활,
정치외교학과 원정기

히 말하자면 한국정치 분야에서 다루는 여러 주제들은 위에서 소개한 세 분야와 중복된다.

예를 들면 한국정치사상은 정치사상 분야에, 한국정치론 분야는 비교정치 분야에, 그리고 한국외교정책은 국제정치 분야에 각각 해당되는 것으로 분류할 수도 있다. 그러나 앞서 말했듯이 우리의 관심이 아무래도 한국에 대해 많을 수밖에 없기 때문에 한국정치를 별도의 분야로 설정해 놓고 있다.

우리에게 한국의 정치는 그 고유의 특수성이 있다고 생각될 때가 많다. 물론 정치학이 '과학성'을 지향하는 학문인 이상, 정치현상에 대한 시공을 초월한 설명을 추구하는 것은 당연한 일이다. 그러나 지금까지 주로 만들어진 정치학 이론과 개념은 상당 부분 서구의 사유방식과 논리체계에서 비롯되어진 것이 많다. 따라서 우리의 입장에서는 아무래도 서구적 경험과 사고에 근거한 정치학 이론과 개념이 우리의 정치현실을 제대로 읽어내지 못하고 있다고 느낄 때가 있을 수밖에 없다.

그런 의미에서라도 한국정치에 대한 별도의 관심과 이론 개발의 필요성이 대두될 수 있으며, 한국의 경험에 초점을 맞추어 발전된 개념과 분석틀이 타 지역, 타 국가에 적용될 수 있는 가능성도 상정해 볼 수 있다는 점에서 한국정치 영역의 독자적 존립이 필요하다 하겠다.

한국정치의 입문 과목에는 〈한국정치론〉, 〈한국정치사〉가 있다. 대체로 〈한국정치론〉은 근현대를 중심으로 한국사회의 주요 정치적 사건과 쟁점을 이론적 관점과 결부시켜 분석하는 데 초점을 둔다면, 〈한국정치사〉는 좀 더 오랜 기간에 걸쳐 한국의 정치적 지형이 변화해 온 역사적 과정을 점검하는 과목이라 할 수 있다. 한국정치 영역에 해당하는 과목 중 정치사상 분야와 중첩되는 과목으로 〈한국정치사상〉을 들 수 있으며, 비교정치에 해당하는 과목으로는 〈한국의 정당정치〉, 〈한국의 선거와 의회〉, 〈한국정치문화〉, 〈한국의 시민사회운동〉, 〈한국의 정치경제〉, 〈북한정치론〉 등이 있고, 국제정치 분야와 관련이 있는 과목들에는 〈한국외교사〉, 〈한국외교정책론〉, 〈통일문제연구〉 등이 포함된다.

과목 알아보기

한국정치사상	한국의 선거와 의회	한국외교정책론
한국정치론	한국의 정치경제	북한정치
한국정치사	한국정치문화	통일문제연구
한국의 정당정치	한국외교사	한국의 시민사회운동

한국정치는 크게 보면 비교정치의 한 부분에 해당하는 분야이기도 하지만, 이는 우리의 현실과 직결된다는 점에서 별도의 분야로 다루어진다. 한국정치에서는 주로 우리나라 근대 이후의 정치적 변동과정, 헌법적 근거를 가진 정치제도의 작동현황, 다양한 정치행위자들의 상호작용이 빚어내는 정치현상, 북한과의 관계와 통일전략 등을 주로 공부하게 된다.

미리보는 대학생활,
정치외교학과 원정기

그 외에 어떤 것을 공부할까?

앞에서 소개한 4개 분야 외에 학교에 따라 정치학 방법론, 정치이론, 정치과정, 북한정치 등을 별도의 분야로 소개하고 있는 경우도 있다. 그러나 나의 견해로는 정치학 방법론은 정치학을 구성하는 큰 분야의 하나로 포함시키기에는 적당하지 않다고 본다. 왜냐하면 정치학 방법론이란 결국 정치현상을 분석하는 방법에 관한 논의인데, 정치현상을 분석하는 방법은 여타 사회과학 분야에서 다른 사회현상을 분석할 때 사용되는 방법과 다르지 않다. 즉, 정치학 방법론은 크게 보아 사회과학 방법론의 부분집합이라는 것이다. 따라서 정치학 방법론을 하나의 독립적인 하위 분야로 간주하는 것은 적절하지 않다고 본다.

아울러 정치이론이나 정치과정, 그리고 북한정치는 내용상 위에서 분류한 4개 분야 중의 하나에 각각 포함시켜도 별 무리가 없다. 예컨대 정치이론은 정치사상의 범주에 넣을 수 있는데, 그 이유는 정치이론은 결국 정치현상에 대한 인식의 틀, 분석의 방법에 대한 성찰을 그 내용으로 하고 있고, 정치 현상을 균형적으로 파악하고 보다 정확하게 이해하기 위한 노력의 일부를 구성한다는 점에서 정치현상의

올바른 이해와 바람직한 정치의 구현을 목적으로 하는 정치사상 연구와 연결되는 바가 크기 때문이다.

그리고 정치과정은 대체로 정당, 의회, 이익집단, 언론 등의 역할과 관련되는 사안, 그리고 선거 제도와 선거 과정과 관련되는 제반 쟁점에 초점을 맞추는 연구를 일컫는데, 이러한 관심사는 결국 비교정치의 주된 연구 분야와 중첩된다고 볼 수 있다.

마지막으로 북한정치는 넓은 의미에서 한국정치 연구에 있어서의 한 주제로 볼 수 있다. 물론 북한만이 갖는 특수성이 없진 않겠으나, 한국정치나 북한정치가 공히 상당 부분이 남북 관계와 밀접하게 연동되어 있다는 점에서 한국정치 연구의 틀 속에 북한정치 연구를 포함시켜도 무리가 없을 것이다.

국제협상론 수업 참관기!

정치외교학과의 수업에서는 강의와 독서를 통한 지식의 습득, 시험과 과제물 작성을 통한 논리적 사유의 훈련도 받지만 수업의 상당 부분이 발표와 논쟁의 능력을 키우는 토론식 수업으로 이루어져 있다. 내가 강의하고 있는 과목 중 국제협상론 수업을 예로 들어보겠다.

이 수업은 강의와 발표, 토론이 혼재되어 있다. 수강생 전체를 네 개 조로 나누어 각 조가 교재내용의 요약 발표, 국제협상의 사례 발표, 주어진 상황에 맞춰 협상을 실연하는 시뮬레이션 수업을 한다.

첫 수업에서는 교수가 한 학기 동안 공부할 내용에 대한 전체적인 윤곽과 수업의 진행 방식, 교재의 개략적인 내용, 그리고 수업을 통해 얻게 될 기대효과 등에 대해서 설명한다.

두 번째 수업에서는 한 학기 동안 공부하게 될 내용과 밀접한 관련을 갖는 국제정치학의 이론과 주요 개념들을 소개한다. 이 시간에는 국제정치학 분야에서 널리 활용되고 있는 현실주의 이론을 소개하고 이에 대한 비판을 제기하는 자유주의 이론을 설명하는데, 특히 국내정치와 국제정치의 연계성을 강조하는 '양면게임 이론'을 집중적으로 조명한다.

그다음 4주 동안은 본 수업에서 주교재로 채택한 『Negotiating a Complex World: An Introduction to International Negotiation』이란 책을 읽고 학생들이 네 개 조로 나누어

각각 한 챕터씩 요약, 정리해서 발표한다. 이 책은 6개의 챕터로 되어 있는데, 서론을 제외한 나머지 챕터를 네 개 조가 차례로 돌아가며 발표를 하게 된다 (마지막 조만 5장과 6장을 묶어서 발표를 하게 되는데, 6장은 분량이 적어 별다른 추가 부담은 없다).

이 책은 제목에서 나타나듯이 영어로 쓰인 책인데, 국제협상의 주요 개념과 사례가 잘 정리되어 있어 학교에서의 교재로뿐만 아니라 외교관들의 학습서로도 많이 읽혀지고 있는 것으로 알려져 있다. 이 수업에서는 학생들이 교재 내용을 요약 정리해서 발표하면, 그때그때 내용 정리가 미진하거나 잘못된 경우 학생들과 교수가 함께 질문도 하고 지적도 하면서 오류를 잡아나간다. 또한 발표와 질의응답 후에는 교재 자체에서 개념 설명이나 사례 소개가 부족한 경우가 있기 때문에 교수가 보충설명을 하면서 전체 내용을 정리하는 시간을 갖는다.

4주간의 교재 학습이 끝난 다음 중간고사를 전후한 2주 동안에는 국제협상에 직접 참여한 실무 경험이 있는 외교관과 행정 관료들을 초청해 생생한 현장의 목소리를 듣는 시간을 갖는다. 이 자리에서는 실제로 우리나라를 대표해 특정 협상에 참여했던 담당자로부터 협상의 쟁점과 배경, 협상의 장애 요인과 촉진 요인, 우리나라의 협상 전략, 상대국과의 의견 조율 과정, 최종 협상 결과에 대한 평가 등에 대한 설명을 듣고, 학생들과 질의응답을 주고받는 시간을 갖는다. 이 수업시간에는 항상 학생들의 지적 호기심이 폭발해 하고 싶은 질문을

다 하지 못한 채 늘 시간이 모자라는 아쉬움을 남기면서 수업을 마무리하게 된다.

전문가 초빙 강연 다음에는 각 조가 순서를 정해 국제협상의 실례를 하나씩 선택해 이를 연구, 발표하게 된다. 학생들은 학기 전반부에 교재를 읽으면서 습득한 국제협상의 분석틀과 주요 개념을 적용해 실제 사례를 재구성해서 발표하게 된다. 이때에는 사례로 선택한 협상이 진행되던 당시의 국내외적 상황, 협상에 임하는 협상단의 구성과 특징, 협상 쟁점의 중요성과 이에 대한 대중의 인지도, 협상 전략의 경직성 또는 유연성 등에 대해 기존의 연구 결과와 언론 보도자료 등을 활용해 내용을 정리한다.

이 시간에는 발표 조를 제외한 나머지 학생들은 사례 발표 내용에서 좀 더 자세한 설명이 필요한 부분이나 논리적으로 연결이 잘 되지 않는 부분에 대해 날카롭게 파고들며 질문을 하기 때문에 발표를 담당한 조는 광범위하고 깊이 있는 자료조사를 한 상태에서 발표에 임하지 않으면 납득할 수 있는 답변을 그때그때 내놓기 어렵기 때문에 좋은 평가를 받기가 어렵다.

마지막으로는 2주간에 걸쳐 시뮬레이션 수업을 한다. 이 수업에서는 강의계획서에 나와 있는 것처럼, 북한이 핵기술과 핵물질을 제3국에 수출하려는 움직임이 포착된 이후 이러한 핵확산의 문제에 어떻게 대응할 것인가에 대해 각 조가 한, 미, 북, 중 4개국 중 하나의 역할을 맡아 직접 협상을 벌여 마지막에 합의문을 도출하게 된다.

이 수업을 위해서는 협상 당사국이 되는 4개국이 현재 처해 있는 국내외적 상황과 기존의 협상 행태 등을 최대한 그대로 반영해야 한다는 조건이 붙기 때문에 학생들은 이 사

안과 관련해 많은 사전 지식을 갖추는 한편, 상대국들의 입장에 대한 다양한 시나리오를 가지고 순발력 있게 협상에 임할 수 있는 준비를 갖추어야 한다. 실제 협상이 끝나고 최종 합의문이 작성된 다음 학생들은 자신이 속한 조를 제외하고 나머지 조들 가운데 어느 조가 가장 협상을 잘했는지에 대한 평가를 내리게 된다. 교수는 이 평가를 취합해 학생들의 시뮬레이션 퍼포먼스에 대한 점수를 부여한다.

이러한 수업을 통해 학생들은 국제협상과 관련되는 기본적인 이론과 개념을 학습하게 되며, 이를 활용해 구체적인 사례에 대한 깊이 있는 지식을 쌓을 수 있다. 또한 직접 협상에 참여하는 경험을 해봄으로써 교실에서 학습한 내용을 직접 체화하는 기회를 갖게 되는 것이다.

머리보는 대학생활,
정치외교학과 원정기

[강의계획서]

한양대학교 정치외교학과
2008학년도 1학기
교수: 최진우

연구실: 사·회과학대학 427호
전화: (O) 2220-0824
E-mail: jinwooc@hanyang.ac.kr

국제협상론

수업의 목표와 개요

한 국가의 외교정책은 국제체제 내에서 타 국가와의 상호작용 속에서 자국의 이익을 구현하기 위한 노력의 표현이다. 물론 전쟁도 국익 추구의 한 방편이 될 수 있지만, 국가이익의 실현을 위한 외교정책의 수행은 대체로 국제협상의 형태로 이루어진다. 특히 냉전의 종식과 세계화의 진행으로 국가 간 경제적 상호의존의 심화되는 가운데 무력 사용의 개연성과 효용성이 모두 낮아지고 있음을 감안할 때, 협상이 갖는 외교정책 수단으로서의 가치는 더욱 커지고 있다.

이러한 맥락에서 본 수업에서는 국제정치학과 외교 현장에서 협상과 관련해 사용되고 있는 주요 개념과 이론들을 살펴보는 가운데 국제협상의 과정과 결과에 영향을 미치는 제반 요인들을 짚어본다.

강의의 구성

1. 중간고사 이전까지 교과서를 중심으로 국제협상의 개념, 종류, 특성, 과정, 구조 및 전략 등에 대한 이론적 논의를 검토 전체 4개조로 편성하여 제 3주차부터 조별로 교과서 내용을 요약, 정리하여 발표.
2. 초청강연: 중간고사를 전후해 2회에 걸쳐 실무 전문가 초빙강연 개최.

3. 사례연구: 학기 전반부에 학습한 협상의 제반 측면을 준거틀로 하여 국제협상의 실제 사례를 학생들이 선택, 조사, 발표.

4. 시뮬레이션: 북한이 비밀리에 핵무기를 개발하여 테러지원국가에 판매할 계획이 있다는 첩보가 입수된 후 한국, 북한, 중국, 미국 네 국가가 협상 테이블에서 해결책을 모색하는 것을 실연. 각 조는 이 과정에서 이들 국가가 기존에 보여준 외교와 협상의 특성이 최대로 반영되도록 하여 먼저 position paper를 배포하고 발표.

이 때 청중들은 각국 기자단의 역할을 맡아 발표자에 대한 질문을 통해 보다 명확한 입장파악을 시도.

마지막 1주간 각조는 각국의 position paper를 바탕으로 협상을 준비하여, 마지막 수업시간에 협상에 임함. 각국은 자신의 입장을 명백히 취해 이를 방어, 입증, 설득할 수 있어야 함.

평가

1. 교재 발표
2. 중간고사 (30%)
3. 사례연구 (20%): 학생들의 자체평가
4. 개인별 position paper (5%)
5. 국가별 position paper (5%): 학생들의 자체평가
6. Simulation Performance (10%): 학생들의 자체평가
7. 출석 및 수업참여(10%)

교과서

Brigid Starkey, Mark A. Boyer, and Jonathan Wilkenfeld. *Negotiating a Complex World: An Introduction to International*

Negotiation. New York: Rowman & Littlefield Publishers, Inc., 1999.

참고문헌

- 이달곤. 『협상론: 협상의 과정, 구조, 그리고 전략』 서울: 법문사, 1995.
- 곽노성. 『국제협상론』 서울: 경문사, 1999.
- 이승용, 최용록. 『국제협상의 이해: 글로벌 시대의 Win-Win 전략』 서울: 법경사, 1998.
- 허브 코헨. 『협상의 법칙』 강문희 옮김. 서울: 청년정신, 2001.

강의일정

제1주   개관

제2주   현실주의 국제정치이론과 양면게임이론

〈필수〉 박상섭. "현실주의: 막스 베버에서 신현실주의까지." 이상우, 하영선 共編. 『현대국제정치학』 서울: 나남출판, 1994.

로버트 D. 퍼트남. "외교와 국내정치: 양면게임의 논리." 김태현 외 (편). 『외교와 정치: 세계화시대의 국제협상논리와 전략』 서울: 도서출판 오름, 1995.

〈추천〉 Kenneth Waltz. *Theory of International Politics.* Reading, Mass.: Addison-Wesley, 1979.

Joseph Grieco. "Anarchy and the Limits of Cooperation: A

Realist Critique of the Newest Liberal Institutionalism."
International Organization vol. 42, no. 3, 1988, pp. 485–507.
 John J. Mearsheimer. "Back to the Future: Instability in Europe
After the Cold War", in Sean M. Lynn-Jones and Steven E.
Miller, eds., *The Cold War and After: Prospects for Peace*.
Cambridge, Mass.: The MIT Press, 1993.

제 3주   협상의 환경
Starkey, et al. *Negotiating a Complex World*. Chap. 2. The
Board. (pp. 27–51).

제 4주   협상의 주요 행위자
Starkey, et al. *Negotiating a Complex World*. Chap. 3. The
Players. (pp. 53–74).

제 5주   협상의 쟁점
Starkey, et al. *Negotiating a Complex World*. Chap. 4. The
Stakes. (pp. 75–94).

제 6주   협상의 전략
Starkey, et al. *Negotiating a Complex World*. Chap. 5 The
Moves & Chap 6. Outcomes. (pp. 95–127).

제 7주   전문가 초빙 강연 (I) – 양자협상: 한미 FTA 협상

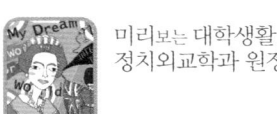

제 8주	중간고사
제 9주	전문가 초빙 강연 (II) – 다자협상: 도하 개발 라운드
제 10주	사례연구 (I)
제 11주	사례연구 (II)
제 12주	사례연구 (III)
제 13주	사례연구 (IV)
제 14주	국가별 Position paper 발표, 의제설정
제 15주	시뮬레이션: 다자간 협상
제 16주	기말고사

※ 사례연구 예: 한일 수교 협상, 우루과이라운드 농업협상, 한미 자동차 협상, 한–EU 간 주세 협상, IMF 자금지원협상, 미–북 핵협상, 미소 군축협상, 북아일랜드 평화협상, 중동평화협상, 6자회담, 도하개발라운드, 한일 어업협상, 한ㄷ FTA 협상, 한–EU FTA 협상, etc.

정치외교학의 역할은 무엇일까?

사회 계열 중 제일 먼저 만들어진 학과

정치외교학과는 주로 사회과학대학에 포함되어 있다. 과거에는 정치외교학과가 법학과나 경제학과 등과 같이 정법대학, 법정대학, 정경대학 등에 속해 있었으나, 1980년대 이후 많은 학교에서 법학과가 법과대학으로 독립하는 등의 학제 개편이 이루어지는 과정에서 사회과학대학이 새로 생기게 되고, 정치외교학과는 여기에 자리를 잡게 된 것이다.

재미있는 것은 과거나 지금이나 각 대학교의 요람이나 홈페이지에서 사회과학대학이나 법정대학 또는 정경대학 등의 학과별 소개란을 보게 되면, 거의 예외 없이 정치외교학과가 제일 먼저 나온다는 점이다. 학과별 소개의 순서는 학과 설립의 순서에 준하기 마련인데, 대부분의 학교에서 정치외교학과가 사회과학 관련 학과 가운데 가장 먼저 만들어졌던 것이다.

미리보는 대학생활,
정치외교학과 원정기

우리나라에서 현재의 교명을 가진 대학교가 본격적으로 등장한 것은 해방 이후인 1946년의 일이다. 물론 그전에 연희전문이나 보성전문과 같은 사립교육기관과 경성제국대학 같은 학교도 있었지만, 본격적인 4년제 대학교의 면모를 갖춘 고등교육기관이 등장한 것은 해방 이후인 1946년도였다.

서울대, 연세대, 고려대 등에서 정치외교학과가 만들어진 것도 모두 이때의 일이었으며, 이후 한양대, 성균관대, 경희대. 중앙대, 이화여대 등에서도 모두 사회과학 계열에서 정치외교학과가 대체로 가장 먼저 설립되었다.

학교마다 사회과학 계열 전공 중에 정치외교학과가 다른 학과에 앞서 설립된 것은 아마도 당시의 시대적 요청에 따른 것이 아닌가 한다. 무엇보다도 일제 36년의 치하를 벗어난 해방 공간에서 빠른 시일 내에 나라의 토대를 구축하고 번영을 도모하기 위해서는 민주적이면서도 효율적인 정치 시스템을 구축해야 한다는 공감대가 있었던 것 같다. 아울러 우리나라는 19세기 이래 외세의 압력에 시달리는 굴곡 많은 역사를 거쳐 오면서 해방 이후 우리 민족이 처한 복잡한 국제정치적 상황에 효과적으로 대응하기 위해서는 탁월한 외교적 감각이 국가의 경영에 필수적이라는 인식도 널리 공유되었던 것 같다.

이러한 배경 속에서 각 학교마다 정치외교

학과의 설립을 서둘러 국가 만들기의 책무를 수행할 인재 양성에 매진했던 것이 아닌가 싶다. 그 결과 우리나라 대학들의 정치외교학과는 많은 수의 정치가, 언론인, 외교관, 법조인, 시민운동가를 탄생시키면서 우리나라의 산업화와 민주화를 견인해 올 수 있었다.

정치외교학과의 설립 목적은
원래 '국가 건설'의 역군을 키워내기 위함이었으며,
정치외교학과가 배출한 인재들은 우리나라의
산업화와 민주화의 진전에 큰 기여를 해왔다.

국제적 감각을 가진 글로벌 인재를 만들다

정치외교학과에 대한 오늘날의 기대는 예전과는 다를 것이다. 그러나 국가경영의 측면에서 보면 정치외교학적 소양이 오늘날에도 절실히 요청되고 있다는 점에서는 그때와 마찬가지다. 정치외교학과가 갖는 중요한 장점 중의 하나는 글로벌 시대를 살아가기 위한 여러 가지 소양이 정치외교학과의 교육 과정을 통해 습득될 수 있다는 점이다.

글로벌 시대의 인재는 무엇보다도 국제적인 감각이 있어야 한다. 외국인과 외국 문물에 대한 열린 마음, 국제사회의 보편적 규범의 습득, 지구적 수준에서 진행되고 있는 거대한 변화에 대한 이해 등이 그것이다.

정치외교학과는 세계 여러 지역에 대한 심층적 지식을 쌓을 수 있는

기회를 제공한다. 미국, 중국, 일본, 러시아 등 우리나라와 밀접한 정치경제적 이해관계를 갖고 있는 주변 4강 국가뿐만 아니라 유럽, 동남아, 중동, 남미, 아프리카에 이르기까지 외국의 다양한 정치체제와 사회, 그리고 경제현상을 가르치는 과목이 개설되어 있어 우리와는 다른 모습으로 살아가고 있는 사람들의 삶을 접할 기회를 갖는다. 이를 통해 국제사회에서 보편적으로 수용되는 규범과 인식의 틀을 배우기도 한다.

오늘날 세계화와 정보화가 급속도로 진행되면서 지구촌 한쪽에서 일어난 일이 지구의 반대편에까지 즉각적인 영향을 미치는 시대가 왔다. 미국의 금융위기에 따른 불안 심리의 확산으로 한국의 주식시장이 곤두박질치고, 중동의 정세불안으로 인한 석유 수급의 차질이 물가상승 압력을 가져와 우리나라 주부들의 장바구니를 가볍게 하는가 하면, 중국과 인도가 고속으로 경제성장을 하면서 경제적으로 여유가 생긴 사람들이 늘어나 금에 대한 수요를 증가시키자 금값이 올라 우리나라 서민들의 돌 반지 장만이 힘겨워지는 일이 일어나기도 한다.

무역과 투자의 증대는 우리의 의식주에 큰 변화를 가져오고, 또한 운송수단의 발달은 테러와 범죄, 매춘과 마약의 급속한 전파를 가져와 사회적 불안의 요소를 만들어 내기도 한다.

정치외교학과에서는 세계 각 지역에서 일어나는 이러한 다양한 현상들이 서로 어떤 연결고리를 갖고 있고 그것이 우리나라, 우리 사회에 어떤 의미를 갖는지를 끊임없이 탐구하고 또 토론한다.

국제적 감각의 함양, 국제적 쟁점에 대한 비판적 사고, 국제적 현상이 갖는 의미에 대한 반추 등이 정치외교학과에서의 교육이 갖는 특징적 내용이다.

우리가 국제정치와 외교문제에 특별한 관심을 가지고, 국제정세를 예의 주시하면서 주변 환경의 변화에 적절한 대응책을 강구하는 노력을 게을리 하지 말아야 하는 이유는 무엇인가? 이미 우리의 실생활로 깊숙이 들어온 '국제' 의 문제를 짚어내는 능력은 이 시대를 살아가는 우리 모두에게 필요한 것이기 때문이다.

우리가 처한 지정학적 환경, 우리가 당면하고 있는 세계화 시대의 도전, 국제사회에서의 우리의 위상을 종합적으로 파악하고 있을 때, 우리는 세상을 읽어낼 수 있는 시각을 가질 수 있을 것이고, 세상을 보는 정확한 눈을 가진 이 땅의 지성인이야말로 우리나라, 우리의 기업, 우리의 학교가 더더욱 발전할 수 있는 토대를 제공해 줄 것이다.

우리는 이 땅에서 고립되어 살 수 있는 존재가 아니다. 오히려 기회는

정치외교학과는 외국의 문화와 관습에 대한 열린 마음과 국제정세의 변화를 읽어내는 안목을 기르게 해줌으로써 명실 공히 글로벌 인재의 양성소 역할을 충실히 이행하고 있다.

미리보는 대학생활,
정치외교학과 원정기

바깥세상에 더욱 많이 있다. 따라서 우리의 눈을 안에서만 머무르게 해서는 안 된다. 우리나라 밖 넓은 세상에서 언제 무슨 일이 어떻게 진행되고 있는지를 두 눈을 부릅뜨고 잘 지켜보고 있어야 할 일이다.

대학에서 본전 찾기!

지금 이 글을 읽고 있는 중고등학생들에게 한 가지 당부하고 싶은 것이 있다. 입학 후 반드시 '본전' 생각을 잊지 말라는 것이다.

대학 등록금은 해마다 큰 폭으로 인상되고 있다. 물가 상승률을 크게 앞지르는 속도라고 한다. 우리나라에서는 많은 경우 부모님들이 열심히 일해서 번 돈으로 자녀들의 대학공부를 시키게 된다.

물론 학생들이 스스로 아르바이트를 해서 학비와 용돈을 조달하는 경우도 적지 않다. 어느 쪽이건 상관없다. 비싼 등록금을 내면서 대학을 다니고 있다는 사실은 마찬가지다. 그렇다면, 비싼 등록금을 내고 있으니 무슨 수를 써서라도 적어도 본전은 찾아야 할 것 아닌가? 이왕이면 본전 이상을 되찾아 가면 더욱 좋을 것이다. 그렇다면 어떻게 해야 대학에서 본전을 찾을 수 있을까?

대학이 학생들에게 제공하는 서비스는 결국 교육이다. 교육은 가르침이다. 보다 많이 배우고 나가면 그것이야말로 본전을 찾는 최상의 길이다. 어떻게 하면 많이 배우는가? 두 가지를 꼭 하라고 권하고 싶다.

도서관을 내 집처럼 이용하자!

먼저 도서관 이야기를 해보자. 우리나라 대학교들의 도서관은 선진국들의 유수한 대학 도서관에 비해 장서의 규모가 많이 떨어진다. 아직 대학의 재정 사정이 선진국들만 못한 것이 주된 이유다. 그럼에도 불구하고 대학생들이 충분히 읽

미리보는 대학생활,
정치외교학과 원정기

고도 남을 정도의 책은 어느 학교에나 다 있다. 교양서적, 전공서적, 단행본, 정기간행물 할 것 없이 우리 대학생들이 읽기에 차고도 넘칠 정도로 많은 책이 있다. 우리나라 대학 도서관에 모자라는 책들은 고도의 전문적 지식을 담고 있는 학술서적들이지, 대학생들이 읽어야 할, 그리고 읽을 수 있는 책들은 도서관들이 충분히 보유하고 있다. 또 대학 도서관들은 등록금의 상당부분을 도서구입비로 사용한다. 도서관의 책들은 모두 학생들의 돈으로 사놓은 것이다.

그렇다면, 도서관의 책을 많이 읽어야 하는 이유는 자명하다. 도서관의 장서를 한 권이라도 더 읽으면, 그만큼 자신이 낸 등록금을 찾아오는 것이 되기 때문이다. 또 도서관은 독서의 공간을 제공한다. 대학 수업은 중고등학교 때와는 달리 계속 이어져서 있는 것이 아니다. 이른바 공강 시간이라는 것이 있다. 수업과 수업 사이에 비는 시간이 있다는 말이다.

시간표를 짜다 보면 어떤 날은 한 수업을 마치고 다음 수업까지 몇 시간을 기다려야 되는 경우가 있다. 그런데 공강 시간은 어물어물하다보면 아무것도 한 것 없이 순식간에 지나가 버린다. 아까운 시간이 아닐 수 없다. 공강 시간을 가장 잘 활용하는 방법이 바로 도서관에 가는 것이다.

도서관에 가서 숙제를 하거나, 자료도 찾아볼 수 있으며, 도서관의 책을 빌려 읽을 수도 있다. 아침에 학교를 가면 도서관으로 바로 가서 책을 보다가, 수업이 있으면 가서 강의를 듣고, 수업이 끝난 후에는 다시 도서관으로 돌아와 공부를 하는 생활, 이것이야말로 대학 생활을 가장 알차게 보내는 방법이다. 요컨대, 도서관을 캠퍼스 생활의 중심 근거지로 삼으라는 것이다.

교수님께 적극적으로 도움을 요청하자!

다음으로, 비싼 등록금을 내고 대학교로부터 본전을 뽑으려면, 교수를 잘 이용할 줄 알아야 한다. 물론 교수를 '이용해라'라는 말은 절대로 아니다. 다른 사람을 속이고, 등칠 때 '이용'한다는 말을 하지만 여기서는 그런 의미가 아니다. 오히려, 잘 활용하라는 뜻이다.

교수를 잘 활용한다는 것은 무슨 말인가? 교수는 오랜 기간 자신의 전문 분야에서 학식을 쌓은 사람들이다. 그래서 아는 것이 많다. 그런데, 수업시간에 강의를 하면서 자신이 알고 있는 것을 다 꺼내놓지는 않는다. 강의 시간이 부족하기 때문일 수도 있고, 또는 자신이 알고 있기는 한데, 그때그때 생각이 나지 않아 학생들에게 얘기하지 않고 넘어가는 경우도 있다. 교수들은 자신들만의 커다란 지식의 창고를 가지고 있다. 물론 지식의 창고만 갖고 있는 것은 아니다. 자신이 저장해 놓은 지식을 원료로 사용해 새로운 지식을 만들어 낼 수 있는 지식의 공장도 하나씩 갖고 있다.

교수는 공부가 직업인 사람이다. 공부가 직업인 나 같은 사람들에게 가장 신나는 일은 무엇일까? 몰랐던 사실이나, 새로운 학설 또는 이론을 접했을 때 내 지식의 창고가 더 가득히 채워지는 것 같아 기분이 좋다. 그런데 기분이 더 좋은 때가 언제인가 하면, 내 머릿속에 있는 지식의 공장이 열심히 가동을 해서 새로운 지식이 만들어져 나올 때다. 새롭고 흥미로운 학문적 질문이

미리보는 대학생활,
정치외교학과 원정기

머리에 떠올랐을 때, 꼬여 있던 생각의 실마리가 풀렸을 때, 그래서 남들이 아직 선보이지 않은 창의성 있는 연구 결과를 만들어 내고 새로운 주장을 제기할 수 있게 되었을 때가 가장 신나는 순간이다.

그런데 학교에서 학생들을 가르치다 보면 대체로 교수가 하는 일은 자신이 꾸려놓은 지식의 창고에서 지식을 꺼내다가 학생들에게 전달하는 일이 된다. 학생들에게 지식을 전달할 때, 눈을 초롱초롱하게 뜨고 열심히 듣는 학생들이 그렇게 대견하고 고마울 수 없다. 그런데 학생들에게 더 고마울 때는, 학생들이 질문을 통해 내가 미처 생각하지 못했던 것을 일꺼워 주거나, 아니면 학생들이 발표와 토론을 통해 신선한 시각을 보여줄 때다 이럴 때 학생들에게 더 고마운 이유는 나에게도 지적인 자극을 주기 때문이다. 학생들로 말미암아 쉬고 있던 나의 지식의 공장이 다시 가동되는 것이다. 학자로서 가장 신나는 순간이 아닐 수 없다.

학생들의 질문을 통해, 그리고 학생들과의 토론을 거쳐 때때로 나는 내 지식의 창고의 진열품 중 빠진 것을 보충하기도 하고, 한쪽 구석에 깊숙이 처박혀 있어 한동안 써먹지 않고 있던 것을 다시 꺼내 오기도 한다. 나아가 학생들 덕분에 내 지식의 공장에 불을 밝히고 기계를 돌려서 새로운 제품을 만들어 내기도 하는 것이다. 지식의 창고를 한 번 흔들어 놓든, 아니면 지식의 공장을 가동시키든, 어느 쪽이라도 나로서는 고맙고 신나는 일이다.

교수 입장에서는 수업시간에 학생들로부터 지적 자극이 오고 있음을 감지하게 되면, 우선 강의하는 것이 신이 난다. 학생들이 열심히 듣고 있기 때문에 의미 있는 질문을 던질 수 있기 때문이다. 그리고 교수들은 학생들의 날카로

운 질문과 코멘트에 적절히 대응하기 위해 더욱 긴장해서 수업 준비를 철저히 하게 될 것이고, 결국 학생들을 더욱 열심히 가르치게 될 것이다. 교수를 자극하고, 긴장시키는 것이 학생들이 더 많은 것을 배울 수 있는 방법인 것이다. 그런데 교수와의 접촉이 반드시 강의실에서만 이루어질 필요는 없다. 우리나라 대학생들은 대체로 교수들을 어려워하는 경향이 있다. 아마도 연장자, 특히 스승을 공경하라는 가르침 때문에 격식을 갖추려다 보니 강의실 바깥에서 교수와 만나고 얘기하는 것이 조심스럽고 불편해진 것이 아닐까 한다. 그렇지만 그럴 필요가 전혀 없다. 내가 알건대, 교수들은 학생들과 만나서 얘기 나누는 것을 좋아한다. 내가 하는 강의에 관심을 가지고, 조금이라도 더 배우기 위해 먼저 찾아오는 학생들을 마다할 이유가 어디에 있겠는가? 오히려 고마운 일이다.

학생들로서는 교수에게 하고 싶은 질문이 반드시 수업시간 중에만 머리에 떠오르라는 법은 없다. 공부를 하다 보면 문득문득 생각이 나게 되는데, 다음 수업시간까지 기다리자면 머리에 떠올랐던 좋은 생각이 그새 사라질 수도 있고, 사실 정말 좋은 생각이었는데 괜히 머리를 이리저리 굴리다 보니 별것 아닌 것 같아 그만 잊어버리는 경우도 있을 수 있다. 그리고 이미 지나간 얘기에 대해 질문을 하는 것도 괜히 진도 나가는 것을 방해하는 것 같아 꾹 참고 넘어가는 경우도 있을 것이다.

이 모든 안타까운 상황이 발생하는 것을 방지하려면 생각이 떠올랐을 때 바로 교수 연구실의 문을 두드

리라는 것이다. 반드시 수업내용을 가지고 교수들과 만날 필요는 없다. 교수들은 인생의 선배로서 학생들의 고민을 들어주고 문제를 해결하는 방법을 일러주는 경우도 많다. 학문적으로 궁금한 것이 있을 때는 물론이요, 대학 생활 또는 졸업 이후의 진로 등에 대해 의논을 하고 싶을 경우이도 교수와 만나는 것을 주저할 필요가 없다. 공부가 교수의 직업이라면, 제자는 교수의 보람이기 때문이다.

학생들이 도서관과 교수를 잘 이용하면,
학생들 스스로는 대학시절 많은 가르침과 깨달음을
얻게 될 것이고, 대학은 실력이 출중한 동문을 얻게 되며,
교수는 학창 시절을 뜻있게 보낸 든든한 제자를 두게 되고
우리나라는 앞으로 우리 사회를 짊어지고 갈 인재를 얻게 된다.
그야말로 윈윈(win-win)의 상황이 아닐 수 없다.

1. 치열한 힘겨루기가 진행되고 있는 동북아

2. 세계화의 과제, 경제적 이익과 국민의 보호

3. 국제사회의 변화를 이끌어 낼 수 있는 리더십!

So Hot!
생생한 정치외교
이야기

Political Science

치열한 힘겨루기가
진행되고 있는 동북아

우리나라는 국제정치의 복잡한 역학관계의 소용돌이에 항상 영향을 받을 수밖에 없는 지정학적 운명 속에 놓여 있다. 우리가 위치한 동북아시아는 세계 그 어느 곳보다 힘의 각축이 치열하게 전개되고 있는 지역이다. 바로 세계의 강대국들이 다 모여 있기 때문이다. 유일 초강대국인 미국, 미국의 패권에 대한 강력한 도전자인 중국, 핵 초강대국이자 자원 대국인 러시아, 경제 규모 세계 2위의 일본이 그 나라들이다. 이들 강대국이 빚어내는 힘의 게임에서 우리의 근현대사는 반복적으로 유린되었으며, 그러한 역사가 다시는 되풀이되지 말라는 법은 없는 것이다.

세계를 놀라게 한 우리나라의 힘

우리나라의 현대사는 식민지배와 독립투쟁, 분단과 전쟁, 독재와 혁명이 교차된 가혹한 시련의 연속이었다. 20세기 초 우리나라는 열강

의 제국주의적 경쟁의 소용돌이 속에서 동아시아의 강자로 부상한 일본의 강압에 의해 을사늑약(乙巳勒約)과 한일병합조약을 체결함으로써 우리의 주권을 뺏긴 채 일본의 가혹한 식민통치를 받게 된다.

무려 36년의 세월 동안 식민 지배하에서 신음하던 우리나라는 마침내 1945년 일본의 무조건 항복으로 태평양 전쟁이 끝나게 되면서 일제 식민 치하에서 해방된다. 하지만 그것도 잠시, 전승극인 미국과 소련의 군사적 편의에 따라 한반도는 북위 38도선을 경계로 미군과 소련군에 의해 분할, 점령되기에 이른다.

그 이후 우리나라는 미소 두 나라를 축으로 형성된 냉전의 세계 구도 속에서 통일의 기회를 갖지 못한 채 오히려 1950년 6월 25일 스탈린의 동의와 지원을 등에 업은 북한의 남침으로 1953년 7월 27일 휴전 조약이 체결될 때까지 3년을 넘는 기간 동안 피비린내 나는 전쟁을 치르면서 전 국토가 초토화되는 운명을 겪게 된다.

냉전의 최전선에서 민족상잔의 비극을 고스란히 겪어야 했던 우리나라는 1950년대 당시 지구상의 최빈국 중 하나였다.

한국전쟁 직후인 1953년 우리나라의 일인당 국민소득은 67달러에 불과했다. 1950년대 우리나라는 캄보디아로부터 원조를 받는 처지였으며, 1960년대 후반 박정희 대통령이 우리나라가 필리핀만큼만 살게 되면 더 바랄 나위가 없겠다고 할 정도였다. 한국전쟁 이후 정치적으로도 우리나라는 혁명과 쿠데타를 경험하고, 유신독재와 신군부의 폭압 정치를 견디어 내야 했던 아픔이 있었다.

그러나 정부수립 40주년이 되던 1988년 우리나라의 경제력은 세계인의 축제인 올림픽을 성공적으로 개최하게 될 정도로 성장했다. 1988년은 정치적으로도 큰 의미를 갖는 해였다. 1971년 제7대 대통령 선거 이후 16년 만에 처음으로 직선을 통해 선출된 대통령이 취임하게 됨으로써 오랜 염원이었던 민주화의 첫발을 내디디게 되었던 것이다.

이후 1990년대 초반 마침내 우리나라는 일인당 국민소득 1만 불의 시대를 맞이하게 되었고, 1992년 대선을 통해 30여년 만에 처음으로 문민정부를 탄생시키게 된다. 1990년대를 거치면서 경제성장과 정치적 민주화의 과정은 더욱 가속화되어 2007년에 이르러서는 국민소득 2만 불 시대에 진입하게 되고, 우리의 경제규모는 세계 13위를 차지하기에 이른다.

아울러 1997년 대선에서는 5.16 군사 쿠데타 이후 처음으로 야당이 승리함으로써 진정한 의미에서의 정권 교체가 이루어지면서 민주주의가 더욱 공고하게 뿌리를 내리게 되었다. 50년 전 세계의 최빈국이었던 동북아의 작은 반쪽짜리 분단국이 세계 13위의 경제대국이자 어엿한 민주국가로 우뚝 서게 된 것이다.

한국 일인당 국민소득 추이(출처 : 통계청 홈페이지)

연도	1인당 국민소득($)	연도	1인당 국민소득($)
1970	254	1989	5,418
1971	290	1990	6,147
1972	320	1991	7,105
1973	401	1992	7,527
1974	554	1993	8,177
1975	602	1994	9,459
1976	818	1995	1,432
1977	1,034	1996	2,197
1978	1,431	1997	11,176
1979	1,676	1998	7,355
1980	1,645	1999	7,438
1981	1,800	2000	10,841
1982	1,893	2001	10,159
1983	2,076	2002	1,497
1984	2,257	2003	2,717
1985	2,309	2004	14,206
1986	2,643	2005	16,413
1987	3,321	2006	18,401
1988	4,435	2007	20,045

우리나라는 군사적으로도 만만치 않은 실력을 갖추고 있다. 세계적인 군사 및 평화 관련 연구기관인 스웨덴의 스톡홀름국제평화문제연구소의 자료에 따르면 2008년 기준으로 우리의 국방비 지출은 세계 10위에 해당한다고 한다. 우리보다 순위가 빠른 나라는 미국, 일본, 영국, 프랑스, 독일, 이탈리아 등의 선진 경제대국들과 중국, 러시아와 같은 인구대국이 전부다. 유일한 예외가 있다면 중동의 맹주 사우디아라비아 한 나라다.

주요국 GDP 비교(2006년 기준)(출처 : 세계은행 홈페이지)

Rank	국가	Millions of US $	Rank	국가	Millions of US $
1	미국	13,163,870	12	인도	911,813
2	일본	4,368,435	13	한국	888,024
3	독일	2,896,876	14	멕시코	888,024
4	중국	2,644,681	15	호주	780,531
5	영국	2,376,984	16	네덜란드	662,296
6	프랑스	2,248,091	17	터키	402,710
7	이탈리아	1,850,961	18	벨기에	394,033
8	캐나다	1,271,593	19	스웨덴	383,799
9	스페인	1,224,676	20	스위스	380,412
10	브라질	1,067,472	21	인도네시아	364,790
11	러시아	986,940	22	사우디아라비아	349,138

So Hot! 생생한
정치외교 이야기

주요국 군사비 지출 비교(출처 : www.globalissues.org)

국가	군사비-10억$	% of total	Rank
미국	711.0	48.28	1
중국	121.9	8.28	2
러시아	70.0	4.75	3
영국	55.4	3.76	4
프랑스	54.0	3.67	5
일본	41.1	2.76	6
독일	37.8	2.57	7
이탈리아	30.6	2.08	8
사우디	29.5	2.00	9
한국	24.6	1.67	10
인도	22.4	1.52	11
호주	17.2	1.17	12
브라질	16.2	1.10	13
캐나다	15.0	1.02	14
스페인	14.4	0.98	15
터키	11.6	0.79	16
이스라엘	11.0	0.75	17
네덜란드	9.9	0.67	18
아랍에미리트	9.5	0.65	19
대만	7.7	0.52	20

인구가 10억에 달하는 인도조차도 국방비 지출은 우리와 비슷한 수준이다. 물론 국방비 지출이 군사력 순위를 그대로 보여주는 것은 아니라고 할 수 있다. 군대의 사기, 군사조직의 효율성, 군사전략의 효과

성, 국민의 결집도, 정치 지도자의 지도력 등 또한 한 나라의 전투력에 큰 영향을 미치기 때문이다. 그리고 파키스탄, 이스라엘, 북한 등과 같이 핵무기를 보유하고 있는 국가들은 국방비 지출은 우리나라에 미치지 못하지만, 전력이라는 측면에서는 우리보다 우위일 수가 있기 때문이다. 그럼에도 불구하고 국방비 지출이 세계 10위라는 것은 과거로 치면 우리나라의 군사력이 세계에서 손꼽히는 강대국의 반열에 올랐음을 의미한다.

경제와 안보 분야에서 나타나고 있는 우리나라의 힘은 나아가 전 국민이 열광해 마지않는 스포츠 분야에서도 반영되고 있다. 세계인의 축제인 올림픽에 우리나라가 태극기를 달고 처음 참가한 것은 1948년 제14회 런던 올림픽이었다. 여기에서 우리나라는 복싱과 역도에서 각각 동메달을 1개씩 따서 세계 32위를 차지했다. 가난밖에 남은 것이 없었던 당시의 나라 형편으로는 대단한 성과가 아닐 수 없었다.

이후 우리나라는 1952년 헬싱키 올림픽에서도 동메달 2개로 37위에 올랐으며, 1956년 호주 멜버른 올림픽에서는 은메달 1개와 동메달 1개로 29위를 차지했다. 그러나 1960년 로마 올림픽에서는 노메달의 설움을 겪었으며, 1964년 동경 올림픽에서는 은메달 2개와 동메달 1개로 27위, 1968년 멕시코 올림픽에서는 은메달과 동메달 각각 1개씩을 따 종합 36위, 1972년 뮌헨 올림픽에서는 은메달 1개를 획득해 33위에 머

물렀다.

우리나라가 처음으로 금메달을 딴 것은 1976년 몬트리올 올림픽에서였다. 레슬링의 양정모 선수가 안겨준 최초의 금메달은 모든 국민을 감격시켰으며, 그 외에도 우리 선수단은 은메달 1가와 동메달 4개를 보태 종합 순위 19위로 껑충 뛰어올랐다. 그다음부터는 1984년 미국 LA 올림픽에서 금 6, 은 6, 동 7개로 종합순위 10위. 1988년 서울 올림픽에서는 금 12, 은 10, 동 11개로 종합 4위, 1992 큰 바르셀로나 올림픽에서는 금 12, 은 5, 동 12개로 7위, 1996년 애틀란타 올림픽에서는 금 7, 은 15개로 10위, 2000년 시드니 올림픽에서는 금 8, 은 10, 동 10개로 12위, 2004년 아테네 올림픽에서는 금 9, 은 12, 동 9개로 종합순위 10위를 기록한 바 있다. 그리고 이번 2008년 베이징 올림픽에서 금 13, 은 10, 동 8개로 종합순위 7위를 기록하는 쾌거를 이뤘다. 우리나라의 스포츠도 세계의 열강들과 어깨를 나란히 하며 이제 세계 10위를 넘나드는 스포츠 강국이 된 것이다.

우리나라는 아픈 과거사를 극복하고 급속도의 발전을 이루며 현재 열손가락 안에 꼽히는 경제대국으로 우뚝 섰다.

우리를 긴장시키는 주변국들의 힘

세계 13위의 경제력과 세계 10위의 군사력을 자랑하는 우리나라지만,

우리나라가 위치한 지정학적 환경은 우리의 국가이익을 지키고 키워 나가기 위해 부단한 외교적 노력을 경주할 것을 요구하고 있다. 왜냐 하면 우리나라의 주변 국가들은 모두 우리보다 월등한 국력을 가진 나라들이기 때문이다.

소위 주변 4강이라고 불리는 동북아시아의 주요 국가들, 미국, 중국, 러시아, 일본이 바로 그 나라들이다. 물론 미국은 태평양을 건너 지리 적으로 멀리 떨어져 있긴 하다. 하지만 우리나라와 일본에 군대를 주 둔시키고 있고, 동북아의 정치, 경제, 안보 상황에 지대한 관심과 이해 관계를 갖고 있는 미국은 엄연히 자타가 공인하는 동북아 세력의 일 원이다.

이렇게 봤을 때, 우리가 위치한 동북아에서 우리는 여전히 가장 작고 약한 나라다. 미국, 중국, 일본, 러시아 모두가 우리보다 경제 규모도 크고, 국방비 지출도 월등히 많은 나라들이다. 이와 같이 동북아의 좁 은 공간에서 지구상에서 가장 힘이 센 네 나라와 함께 공존하

며 부대껴야 하는 환경적 요인으로 인해 우리 는 세계 순위로 본 객관적 국력이 가리키는 만큼의 국제정치적 위상을 구가하기가 어렵 다. 게다가 이들 국가들은 서로를 잠재적 위협 으로 인식하는 긴장관계 속에 놓여 있다.

동북아 국가들은 이웃국가들 간의 전쟁이나 심각 한 갈등은 더 이상 상상하기 어려운 단계로 진입

한 유럽의 국가들과는 전혀 다른 상황에 처해 있는 것이다. 더욱이 동북아에는 북한이라는 존재가 있다. 우리와는 동족이면서 처절한 전쟁을 치렀던 북한은 우리의 도움을 절실히 필요로 하는 원조의 대상이기도 한 동시에, 핵무기를 보유한 위협 세력이기도 하다. 그런 만큼 북한은 동북아에서의 힘의 방정식을 더욱 복잡하게 만드는 불안정 요인인 것이다.

동북아 국제정세는 불확실성과 불안정성의 문제를 동시에 갖고 있다. 이러한 문제는 동북아 국가들 간의 힘의 분포에 급격한 변화가 진행되고 있기 때문에 발생하는 것이다.

갈등의 휘발성이 높은 동북아의 좁은 공간에 위치한 우리나라는 긴장감을 늦출 수 없다. 북한이라는 불안정성의 요인이 존재하는 것은 물론 지구상에서 가장 힘센 네 나라와 함께 공존해야 하는 우리로서는 국가의 번영과 평화를 지키기 위해 사려 깊은 외교정책을 수행해야 한다.

급부상한 중국을 주목하라

중국은 1976년 마오쩌둥의 사망 이후 1978년부터 본격적으로 꾸준히 개방정책을 추구하여, 시장 경제 논리의 확산을 요체로 하는 세계화의 물결을 적극 수용함으로써 오랜 기간의 정치적 고립과 경제적 낙후성을 탈피하고, 급속한 경제성장과 아울러 포괄적인 힘의 팽창을 경험하고 있다.

중국의 경제성장 속도는 가히 광속이라 할 만하다. 중국은 덩샤오핑의 개혁 개방 조치에 힘입어 지난 20여 년 동안 꾸준히 연평균 10%에 근접하는 경제성장률을 달성함으로써, 1980년대 초 국제경제의 변방에 머물러 있던 주변국에서 21세기 초반에 이르러서는 구매력 지수(PPP: purchasing power parity)로 환산한 국민총생산이 세계 제2위의 규모에 달하는 국가로 발돋움하게 되었다. 이로 인해 국제사회에서는 '중국 위협론'이 끊임없이 제기되고 있으며, 그 논의의 핵심에는 중국 경제의 급속한 성장이 수반하는 국제정치적 파급효과에 대한 경계론이 자리하고 있다.

그 결과, 중국은 탈냉전 시대 유일 초강대국으로 군림하고 있는 미국에 대한 잠재적 또는 현재적 도전 국가로 인식되고 있다. 중국이 제기하는 도전은 매우 다양한 형태로 전개되고 있다. 무엇보다도 수출 산업의 고속 성장에 따른 전 세계 수출 시장 점유율의 증가, 막대한 무역 흑자가 가져다준 천문학적 액수의 외환과 미국 국채 보유고, 경제발전에 힘입은 군사력 증강, 동남아시아 국가들에 대한 매력 외교 공세, 유럽과 남미 등에 대한 외교 다변화 노력 등을 들 수 있다. 또한 중국의 경제성장에 따른 에너지와 자연 자원 수요 증대 또한 세계 경제의 안정성을 위협하고 있다는 관측이 끊임없이 제기되고 있다.

중국의 눈부신 경제성장은 대외 교역의 확대에 힘입은 바 크다. 예를 들면 중국과 미국 간의 경제 교류는 중국의 시장개혁 조치가 시행된 이후 폭발적인 증가세를 이어왔다. 1978년 개혁 조치 시행 당시 10억 불에 불과하던 양국 간의 교역 규모는 2000년에 이르러서는 1,200억 불에 육박하게 되었으며, 2005년에 와서는 그 두 배를 넘는 2,850억 불에 이르게 된다. 아울러 미국으로부터 중국으로 유입되는 투자 자본의 규모도 급속도로 증가하고 있다. 미국 정부의 발표에 따르면, 1990년 미국의 대중 직접투자는 3억 5,400만 달러에 불과했으나, 10년 후인 2000년도에는 95억 8,000만 달러에 이르렀다고 한다. 더욱이 2001년 마침내 중국이 WTO에 가입한 이후 미국과 중국의 상업적 교류의 밀도는 더욱 증가하고 있다. 미국과 중국 사이의 경제적 상호의존도가 급속히 심화되고 있는 것이다.

한국의 주요 교역상대국(2007년 기준, 백만 불)(출처 : 외교통상부의 〈즈요 경저통상 통계〉)

순위	국가명	수출	수입	교역규모
1	중국	81,985	63,028	145,013
2	EU(유럽연합)	55,982	36,824	92,806
3	미국	45,766	37,219	82,985
4	일본	26,370	56,250	82,620
5	사우디아라비아	4,026	21,164	25,190
6	대만	13,027	9,967	22,994
7	홍콩	18,654	2,142	20,796
8	싱가포르	11,949	6,860	18,809
9	호주	4,691	13,232	17,923
10	아랍에미리트	3,705	12,656	16,361

중국과의 경제적 상호의존이 빠른 속도로 심화되고 있는 것은 비단 미국만이 아니다. 우리나라도 중국과의 교역규모가 급격히 늘어나고 있으며, 우리나라 자본의 대(對)중국 직접투자 또한 비약적으로 증가하고 있기도 하다. 뿐만 아니라 사실상 중국은 이제 '세계의 공장'으로 불리면서 전 세계의 사람들이 사용하는 소비재의 상당 부분을 제조하고 있기도 하다.

2007년 미국의 한 가족이 'Made in China' 제품을 사용하지 않고 며칠이나 견딜 수 있는지를 실제 체험한 것을 TV에서 보도한 적이 있다. 결론은 단 하루도 살기 어렵다는 것이다. 우리만 하더라도 의식주에 필요한 물품 가운데 상당수가 이미 중국제인 것을 볼 수 있다. 우리가 입고 있는 옷, 우리의 식탁에 올라오는 식료품, 기타 우리의 일상생활에서 늘 사용하고 있는 갖가지 가정용품이 중국에서 생산된 것들이다.

중국은 이제 가전제품과 자동차, 선박 등에서도 우리와의 기술수준을 좁히면서 풍부하고 값싼 노동력을 활용하여 국제시장에서 경쟁력을 키워가고 있다.

중국은 이미 우리에게 제1의 교역 상대국이다. 2007년을 기준으로 했을 때 우리나라와 중국의 교역 총액은 수출입을 합쳐 1,450억 달러다. 이는 우리나라 화폐로 표시하면 145조 원에 해당하는 금액으로, 2008년도 우리나라 정부예산 256조 원의 약 5분의 3에 달하는 액수다.

이와 같이 우리는 물론이고 미국을 비롯한 세계 각국과 밀접한 경제

적 상호의존관계를 발전시키고 있는 중국은 한편으로는 현존 국제질서의 급격한 변화를 초래할 수도 있는 가장 유력한 후보이기도 하다. 그러한 중국이 바로 우리의 이웃국가이며, 그것도 한 반도의 미래 운명에 지대한 영향을 미칠 수도 있는 나라인 것이다. 따라서 중국의 부상이 몰고 올 파장에 대해 면밀히 분석하고 대응책을 마련하는 것은 앞으로 우리나라의 국제정치학자들이 반드시 해야 할 중요한 과제 중의 하나다.

중국은 탈냉전 시대 유일 초강대국으로 군림하고 있는 미국에 대한 잠재적 도는 현재적 도전 국가로 인식되고 있다.

최근 급부상한 중국은 국제질서를 변화시킬 존재로 떠오르고 있다. 이웃나라이자 우리 역사 속에서 많은 관계를 가져왔던 중국의 변화를 예의주시하며 대응책을 마련하는 것은 현시점에서 무엇보다 중요한 문제다.

남북통일을 둘러싼 이해관계

국제정치가 우리에게 중요한 이유는 또 있다. 북한 문제가 그것이다. 우리는 지구상에서 거의 유일한 분단국가다. 과거 냉전의 소용돌이 속에서 이념적 대립으로 분단되었던 국가들, 독일, 베트남 등은 지금 모두 통일국가를 건설했다. 그러나 우리만 아직도 분단국가로 남아 있다. 게다가 북한은 지금 지구상에서 가장 가난하면서, 또 위험한 국가이기도 하다. 북한 주민은 기아를 이기지 못해 삶의 터전을 버리고 생존을 위한 필사의 탈출을 감행하고 있는 한편, 북한 정권은 대량살상무기를 개발하여 정권의 안보를 지키기 위해 사력을 다하고 있다.

북한의 도발로 시작된 한국전쟁에서 우리는 북한과 서로 총부리를 겨누었고, 그래서 수없이 많은 가족이 처절한 비극의 주인공이 될 수밖에 없었다. 한반도의 분단과 한국전쟁의 발발은 당시의 국제정치적 환경 속에서 빚어진 파워 게임의 산물이었다. 마찬가지로 분단의 극복과 한국전쟁으로 인한 상흔의 치유는 우리의 의지와 힘만으로 가능한 것이 아니다. 국제정치적 환경의 조성이 필요한 것이다.

한반도를 둘러싼 주변 4강의 이해관계는 매우 복잡하다. 통일 한국을 반드시 반기지만은 않을 것이다. 나의 추측이지만 우선 중국은 미국의 동맹국인 한국이 주도해 한반도의 통일이 이루어지게 되면 북한이라는 완충지대가 사라지는 대신 미국의 힘과 직접 국경을 맞대게 되는 상황이 벌어지게 될 것이라는 점에서 한반도의 통일을 불편하게 생각하고 있는 것 같다.

일본의 입장에서는 한일관계가 그렇지 않아도 과거사 문제와 독도 문제 등으로 항상 갈등의 내연 상태에 놓여 있는 마당에 만일 한반도 통일이 이루어지면 향후 인구와 경제규모, 그리고 군사력에 있어 한층 커진 통일 한국을 이웃해야 한다는 부담에서 남북통일을 반기지 않을 수 있다.

러시아 또한 한반도의 통일 과정에서 야기될 수 있는 동북아의 불안

정성이 반갑지 않을 것이며, 러시아가 아직 구소련의 국제정치적 위상을 미처 회복하지 못한 상태에서 한반도의 통일 과정이 진행될 경우 한반도 통일 과정에 행사할 수 있는 영향력에 한계가 있을 수밖에 없으리라는 우려를 갖고 있을 것이다.

미국의 경우에도 한반도가 통일되면 동아시아 전략 수행의 주요 거점인 한반도에서의 미군 주둔의 필요성 여부에 대한 둔제 제기가 강하게 대두될 수 있다는 점에서 한반도 통일에 대해서는 복잡한 생각을 갖고 있을 수도 있다. 이 모든 것을 떠나서, 동북아의 어느 국가도 한반도 통일 과정에서 필연적으로 발생하게 될 불확실성보다는 상대적으로 예측가능성이 높은 현상의 유지를 더 선호할 수드 있는 것이다.

이러한 환경 속에서 남북한 간의 긴장을 더욱 이완시키고 통일을 하루라도 앞당기기 위해서는 주변 4강과의 신뢰 관계를 돈독히 하는 노력을 경주하지 않으면 안 될 것이다.

우리와 사정은 달랐지만 독일 통일도 동독의 붕괴와 함께 저절로 온 것이 아니었다. 1989년 11월 베를린을 갈라놓았던 장벽이 무너지고 나서 약 1년 후인 1990년 10월 3일, 독일 통일이 이루어지기까지에는 당시 독일의 헬무트 콜 수상과 디트리히 겐셔 외상의 능란하고도 적극적인 외교적 행보가 있었다.

베를린 장벽이 무너지고 독일 통일 과정이

진행되는 것을 지켜보고 있던 유럽의 어느 국가도 거대 독일의 재탄생을 의미하는 독일 통일을 반기지 않고 있었다. 영국의 대처 수상이나 프랑스의 미테랑 대통령은 공개적으로 독일 통일 과정의 진행 속도에 대해 우려를 표명하기도 했다. 제1, 2차 세계대전 발발의 주역이었던 독일이 다시 온전한 국가로 태어났을 때, 라인강의 기적을 통해 일구어 낸 막강한 경제력을 바탕으로 독일이 유럽에서의 패권을 추구하게 되지 않을지에 대한 걱정 때문이었다.

이러한 상황에서 독일은 자신의 주권을 제약하는 유럽통합에 더욱 적극적으로 임하는 한편, 논란의 소지가 있던 폴란드와의 국경문제에 향후 일체의 이의를 제기하지 않기로 국제사회에 약속을 하였다. 또한, 경제적 사정이 어려웠던 소련에게는 경제적 지원을 제공하는 등 주변 국가들의 불안감을 불식시키기 위한 외교적 노력을 경주한 결과 45년간의 분단 체제를 극복하고 통일을 달성할 수 있었던 것이다.

한반도의 통일은 우리가 반드시 이루어 내야 할 과제이지만, 우리를 둘러싼 국제정치의 역학관계는 매우 복잡하다. 동북아 국제 정세의 불확실성과 불안정성을 극복하고 통일 한국을 건설하기 위해서는 대한민국 젊은이들의 탁월한 외교적 감각이 필요하다.

한반도 통일 과정이 독일 통일 과정보다 더 수월하리라고 믿을 이유는 없다. 오히려 상황이 더욱 복잡할 수 있다. 중국이 부상하고 있는 오늘날 동북아에서의 힘의 방정식이 소련이 몰락하고 있던 1980년대 말 유럽에서의 힘의 방정식보다 훨씬 더 많은 미지수를 포함하고 있을 것이기 때문이다.

한반도에 평화를 정착시키고 궁극적으로는 통일을 이루어 내기 위해서는 남북관계는 물론, 주변 4강 국가들의 역학관계를 신중하게 조정해 나가는 역량을 발휘해야 할 것이다.

세계화의 과제, 경제적 이익과 국민의 보호

우리에게는 외국과의 교역이 가장 주된 경제적 번영의 기반이다. 우리나라 경제는 무역에 의존하는 정도가 매우 크다. 경제적 번영의 주된 기반이 외국과의 교역에 기인하고 있다고 해도 과언이 아니다.

무역에 의존하는 정도를 국가경제의 무역의존도라고 한다. 국가경제의 무역의존도는 '(총 수출 + 총 수입) ÷ 총 GDP × 100'으로 계산하는데, 2006년 기준으로 우리나라는 그 수치가 약 71.5에 달한다. 무역대국인 일본이 28.2, 미국이 22.4인 것에 비하면 매우 높은 수치가 아닐 수 없다. 이는 우리나라의 산업구조가 내수보다는 교역에 더 큰 비중을 두고 있음을 보여주는 것이라 하겠다.

우리나라 경제에 있어서의 교역의 중요성은 수출의 경제성장 기여도에서도 나타난다. 한국은행의 발표에 따르면 2006년에는 우리나라의 경제성장률 5.1% 가운데 3.6%가 수출에서 비롯되었으며, 2007년에는 경제성장률을 5.0%로 잡았을 때 그중 수출 기여도가 3.2%였다고

So Hot! 생생한
정치외교 이야기

한다. 경제성장률의 내수 기여도보다 수출 기여도가 큰 비중을 차지하고 있는 것이다.

이러한 현상은 우리나라가 1960년대 초 수입대체 정책을 포기하고 수출드라이브 정책을 채택하면서, 무역을 통해 국가경제를 발전시켜 온데 따른 것이다. 따라서 변화하는 교역환경에 우리가 얼마나 명민하게 대처하는가의 문제는 우리의 국운에 크게 영향을 미칠 수 있기 때문에 우리는 항시 교역 환경에 영향을 미치는 제반 요인들의 추이를 면밀히 파악하고 있어야 할 필요가 있다.

국제정치가 우리의 일상생활에도
중요한 의미를 갖는 이유는 무엇보다도
국가 경제에 영향을 미치는 바가 크기 때문이다.
특히 우리나라의 경제는 무역에 의존하는 정도가
큰 만큼 국제환경의 변화에 잘 대처하는 것이 매우 중요하다.

세계화의 두 얼굴

지금까지 우리는 세계화의 최대 수혜자였다. 세계화란 여러 가지 의미로 해석될 수 있겠지만, 가장 보편적으로 사용되는 의미는 상품, 서비스, 자본, 노동 등의 이동성의 증가로 국가 간의 경제적 상호의존이 심화되는 현상을 뜻한다. 냉전 기간 동안 미국의 주도하에 설립되고 유지되어 온 자유무역체제인 무역과 관세에 관한 일반협정(GATT:

General Agreement on Tariffs and Trade) 체제, 그리고 냉전 후 GATT 의 제반 문제점을 보완하고 새로운 교역 환경에 맞는 국제무역질서를 창출하기 위해 1986년부터 7년간의 우루과이라운드 협상 끝에 설립 된 세계무역기구(WTO: World Trade Organization) 체제가 바로 세계 화를 용이하게 한 다자주의적 제도다.

이러한 제도적 환경과 더불어 운송과 통신기술의 급속한 발달에 따른 정보화의 진행 또한 세계화의 속도를 더욱 가속화시키는 요인이 되고 있다. 우리나라에서는 이러한 세계화의 흐름을 타고 상품과 용역의 교역, 자본의 유치와 해외 진출, 근로자의 해외 파견 등을 적극적으로 활용함으로써 기업이 성장하고 일자리가 늘어났으며, 국가 경제 또한 발전했던 것이다. 우수하고 풍부한 인적자원 외에는 별다른 부존자원 이 없는 우리로서는 세계화의 과정에 적극적으로 동참한 것이 크나큰 결실을 가져다준 것이었다.

세계화가 우리에게 항상 혜택만을 가져다준 것은 아니다. 금융자본의 이동성 증가는 금융 시장의 불확실성을 크게 증가시켰고, 태국에서 시작된 금융위기가 동아시아 국가 전반의 대외 신인도에 악영향을 주면서 해외자본의 급 격한 유출을 막을 수 있는 장치를 갖고 있지 못했던 우리나라는 그 연쇄 반응으 로 인해 1997년 외환위기를 겪게 된다. 오 랜 기간 많은 사람들을 고통과 실의에 잠

기게 한 외환위기는 우리 사회가 선진국의 문턱에서 치러야 했던 큰 대가였다. 무엇보다도 외환위기 이후 빠른 속도로 심화된 양극화가 바로 외환위기가 우리에게 드리운 가장 짙고 긴 그림자였을 것이다.

세계화는 우리에게 경제발전의 기회를 가져다주어 우리나라가 최빈국에서 선진국의 문턱에 이르기까지 성장하도록 도움을 줬다. 하지만, 세계화로 인한 경제적 불안정성의 증가는 우리에게 외환위기라는 아픔을 겪게 하기도 했다.

뜨거운 쟁점, 한미 쇠고기 협상

세계화와 우리의 실생활이 매우 구체적으로 연관된 예는 또 있다. 2008년 봄과 초여름에 걸쳐 온 나라를 촛불집회로 뜨겁게 달군 한미 쇠고기 협상이 그것이다. 2008년의 쇠고기 협상 파동은 세계화가 우리의 실생활과 얼마나 밀접한 관계를 갖고 있는지, 그리고 우리의 식탁에 오르는 반찬과 같이 사소해 보이는 문제가 한편으로는 얼마나 심각한 정치적 쟁점이 될 수 있는지를 잘 보여준 사건이었다.

사실 우리의 식탁은 이미 세계화된 지 오래다. 중국산 김치, 호주산 쇠고기, 덴마크산 삼겹살, 칠레산 포도, 필리핀산 새우, 프랑스 와인 등 세기 어려울 정도로 많은 종류의 먹을거리가 이미 수입되고 있다. 농수산물의 교역에 자유무역의 원칙이 적용됨으로써 나타나고 있는 현상이다. 한미 쇠고기 협상은 이러한 맥락 속에서 진행된 협상이었다. 2008년 이전 미국산 쇠고기가 광우병의 위험으로부터 안전하지 않다는 이유로 미국의 쇠고기가 우리나라에 자유롭게 수입되지 않았다. 그러던 것이 국제수역사무국(OIE: Office International des Epizooties)이 미국에 대해 광우병 통제 국가라는 지위를 부여하면서 미국 정부는 미국산 쇠고기의 안전성을 강조하게 되었고, 우리나라 정부는 미국산 쇠고기에 대한 문을 열어주었던 것이다.

왜 쇠고기 문제가 한국사회에서 그토록 격렬한 논쟁을 불러일으킨 정치 문제가 되었는가? 그것은 첨예한 이해관계의 갈등이 개재되었기 때문이다. 한미 쇠고기 협상을 둘러싼 정치는 두 수준으로 나누어 살펴볼 수 있다. 한 수준은 한국과 미국 두 나라의 국가 간 협상이다. 이 협상에서 한국과 미국은 이해 당사자로서 각각 자국의 이익을 극대화시키기 위해 노력을 했을 것이다.

한국은 쇠고기 협상의 원만한 해결을 통해 이전부터 추진해 오던 한미 FTA에 대한 동의를 미국으로부터 끌어내려는 의도를 가지고 있었던 것으로 보인다. 물론 한국의 협상단도 국내의 한우 사육 농가의 소득 보전과 국내 소비자의 건강권도 함께 고려하여 협상에 임했을 것이다. 그러나 한국 정부는 국제기구가 마련한 기준에 대한 신뢰 등의 여러 가지 이유로 미국 쇠고기의 안전성에 대해서는 크게 우려를 하지 않은 것으로 보인다. 또한, 한우 사육 농가가 받게 될 경제적 피해 보상을 위해서는 추후 국내정책 차원에서 대책을 ㅁ·련한다는 복안을 갖고 있었기에 쇠고기 시장 개방의 문제를 둘러싸고 미국과 크게 마찰을 빚을 이유가 없었다고 본 것 같다.

한편 미국은 한미 FTA에 대한 동의를 지렛대로 삼아 한국으로부터 최대한 양보를 끌어냄으로써 한국의 쇠고기 시장을 활짝 열어 미국의 쇠고기를 많이 수출할 수 있도록 하기 위해 노력했을 것이다. 미국 내의 축산업자들의 로비가 영향력을 발휘한 결과이기도 하며, 또한 미국 정부 입장에서도 향후 다른 나라들과의 쇠고기 협상에서 유리한 입장을 점하기 위해서라도 세계 10위권의 경제 규모를 가진 한국과 같은 나라와의 협상에서 최대한 자신의 입장을 반영시킬 필요가 있었을 것이다.

왜 쇠고기 문제가 한국사회에서 그토록 격렬한 논쟁을 불러일으킨 정치 문제가 되었는가?

그 결과 어느 정도의 양보는 불가피하다고 본 한국 정부와 한국의 쇠고기 시장을 최대한 열려고 하는 미국 정부와의 협상은 아무래도 미국 축산업계의 입장을 보다 많이 반영하는 쪽으로 타결되었던 것이 아닌가 한다.

한국의 쇠고기 시장을 최대한 개방시키려고 했던 미국 정부와 쇠고기보다 더 중요하다고 여겨진 한미 FTA에 대한 미 의회의 비준을 대가로 쇠고기 시장의 개방을 용인할 뜻이 있었던 한국

정부 사이에는 커다란 이견이나 마찰이 없었을 것이기 때문이다.

세계화의 진행이 가속화되면서 우리의 실생활이
세계화의 영향에 직접적으로 노출되고 있다.
온 나라를 시끄럽게 했던 미국 쇠고기 수입문제도
세계화의 과정에서 나타난 현상이기도 하다.

국가의 정치 vs. 국민의 정치

그러나 문제는 그다음부터였다. 한국 정부가 들고 온 협상 타결안을 국민이 수용하지 않은 것이다. 물론 한국 정부는 미국 쇠고기의 안전성을 알려 국민들을 안심시키고 쇠고기 시장 개방이 국가이익을 위해 최선책임을 국민들에게 설득하려 했지만, 정부가 경제적 이익을 위해 국민의 건강권을 너무 소홀히 다루었다는 인상을 불식할 수 없어 급기야 수십만의 시민이 촛불을 들고 집회에 참여해 경찰과 대치하며 정부를 성토하는 일이 일어나게 된 것이다. 물론 국민들 사이에서는 정부의 입장을 두둔하는 견해를 가진 사람들도 적지 않았다. 그러나 많은 수의 국민들이 쇠고기 협상의 결과를 잘못된 것이라 생각했고, 이를 시정하기 위해 목소리를 높였던 것이다.

아마 정부도 여러 가지를 종합적으로 고려했을 때

쇠고기 협상을 빨리 타결하는 것이 국가이익에 도움이 될 것이라는 판단하에 행동했을 것이다. 그러나 정부가 생각한 국가이익과 많은 수의 국민이 생각한 국가이익에는 편차가 있었다. 정부는 한미 동맹의 강화, 한미 교역의 활성화, 통상 이익의 극대화, 이에 따른 경제적 성장 동력의 확보가 가장 중요한 국가이익이라고 생각했던 것 같다. 반면 국민은 안보와 동맹, 통상과 경제는 둘째치고라도 국민의 식탁 위에 오르는 먹을거리의 안전성이 가장 중요한 국가이익이라고 생각하였을 것이다. 결국 정부와 국민 사이에 우선적으로 추구해야 할 국가이익이 무엇인지에 대한 인식이 달랐던 것이다.

이와 같이 국가이익에 대한 인식이 달랐던 정부와 국민들은 각각 자신의 입장을 관철시키기 위한 여러 가지 방법들을 동원한다. 정부는 정부 나름대로 쇠고기 협상 결과를 정당화하는 논리를 홍보하였고, 이에 저항하는 국민들은 사이버 공간에서의 열띤 논쟁, 매스미디어에서의 토론 참여, 그리고 촛불집회장에서의 시위와 거리 행진을 통해 다

쇠고기 문제는 세계화의 도전이 국내정치적으로 어떤 파급효과를 가져올 수 있는지를 보여주는 좋은 예다. 국가의 이익에 대한 인식의 차이로 인해 촛불집회가 열리는 등 국민과 국민, 국민과 정부 간에 갈등과 대립이 있었지만, 우리나라의 시민 의식과 민주주의가 이미 높은 수준에 도달해 있었던 관계로 정치적 파국 없이 해결 국면에 접어들게 됐다.

수 국민의 뜻이 정부의 뜻과는 다르다는 것을 적극적으로 보여주었다. 그런데 이 과정에서 나타난 주목할 만한 것은 정부에 대한 비판과 이에 대한 정부의 대응이 대체로 평화적으로 진행되었으며, 정부가 민의에 귀를 기울이는 모습을 보여주었다는 것이다. 전체적으로 봤을 때 정부의 방침에 반대하는 국민이나, 국민의 거센 반대에 직면한 정부 양측 모두가 합리적이고 현실적인 대안을 도출하기 위해 노력하는 모습을 보여주었다는 점에서 한국의 민주주의가 상당한 수준에 도달했음을 인정해도 좋으리라 생각된다.

정치학의 영원한 과제

세계화는 한편으로는 우리에게 수십 년간의 경제성장을 가능케 함으로써 국운을 융성시키는 기회를 주었는가 하면, 금융위기로 인한 고통을 안겨주기도 했으며, 쇠고기 협상 파동과 같이 국내정치적으로 심각한 논쟁을 촉발시키는 원인을 제공하기도 한다.

세계화가 근거리에서 우리 실생활에 명암을 동시에 드리우고 있는 것이라면, 세계화가 가져다주는 기회는 무엇이며 세계화가 제기하는 도

세계화가 제기하는 도전은 무엇이며, 이에 대한 응전은 어떻게 이루어져야 할 것인지의 문제는 정치외교학과에서 집중적으로 토론하고 있는 주제다.

So Hot! 생생한
정치외교 이야기

전은 무엇인지를 잘 이해하고 있을 때 이를 기반으로 올바른 국가전략, 효과적인 기업전략, 그리고 성공적인 생활전략의 수립과 실천이 가능할 것이다. 세계화의 혜택과 충격에 대한 분석은 바로 정치외교학과에서 심층적 토론의 대상이 되는 중요 주제 중의 하나다.

국제사회의 변화를
이끌어 낼 수 있는 리더십!

세계무대에서 한국은 경제적으로는 세계 13위, 군사적으로는 세계 10위다. 우리는 미국과 같은 초강대국도 아니며, 중국과 같은 인구대국도 아니다. 또한 러시아와 같은 군사대국도, 일본과 같은 경제대국도 아니다. 그렇다고 해서 EU 국가들같이 지역통합을 통해 이웃국가들과 힘을 결집시킨 지역공동체의 일원도 아니다.

과연 한국은 국제무대에서 어떤 역할을 할 수 있을까? 아니, 한국은 국제무대에서 어떤 역할을 해야 할 것인가? 우리의 안보는 어떻게 지킬 수 있으며, 우리의 국가이익은 어떻게 키워나갈 것인가? 나아가 우리는 국제사회에 어떤 기여를 할 수 있을 것인가?

국제사회에서의 리더십은 크게 세 가지가 있다고 한다. 지적 리더십과 사업가적 리더십, 그리고 구조적 리더십이 그것이다. 지적 리더십은 어떤 쟁점이 떠올랐을 때, 이를 해결하기 위한 새로운 논리의 개발 등을 통해 타 국가의 태도의 변화를 초래함으로써 궁극적으로 문제해

So Hot! 생생한
정치외교 이야기

결에 기여하는 능력을 말한다. 한편 사업가적 리더십은 다양한 협상 기술의 구사에 따른 협상력을 발휘하여 이해관계를 달리하는 국가들 간의 합의도출에 촉매역할을 하는 능력을 일컫는다. 마지막으로 구조적 리더십이란 우월한 힘을 바탕으로 위협과 보상을 통해 국제사회의 합의를 이끌어 내는 능력을 의미한다.

한국은 현재의 경제력과 군사력으로는 국제무대에서 힘을 기반으로 하는 구조적 리더십을 발휘하기는 어렵다. 그렇지만 우리나라가 지적 리더십이나 사업가적 리더십의 발휘를 통해 국제적 경향력을 행사할 수 있는 가능성은 얼마든지 있다. 예컨대 UN의 의제 개발을 적극적으로 주도하고, 분쟁 해결의 중재자로 적극 참여하는 한편, 국제사회가 새로이 당면하고 있는 인간 안보 문제의 해결을 위한 재정적, 기술적 지원을 제공함으로써 우리나라의 국제적 위상을 제고할 수 있을 뿐 아니라, 국제사회의 평화와 발전에도 공헌할 수 있는 것이다.

우리나라는 이미 UN 등이 주도하고 있는 국제 개발, 여성 지위 향상, 환경 보호, 인권 증진 등 다양한 분야에서 국제 담론에 적극적으로 참여하고 이를 수용함으로써 국제사회의 책임 있는 일원으로서의 역할을 손색없이 수행해 오고 있다. 하지만 여기에서 더 나아가 우리나라는 더욱 적극적이고 능동적인 형태의 활동을 전개하여 담론 형성 단계에서 주도적 역할을 하는 것이 필요할 것으로 보인다. 이를 통해 국제평화와 안전의 증진에 기여함으로써 국제사회에서의 우리의 영향력 또한 현저히 증가될 수 있을 것이기 때문이다.

오늘날 국제사회가 직면하고 있는 위험은 과거와는 성격이 다르다. 오늘날의 위험은 실패한 국가나 불량국가에 의해 제기되는 위험이며, 이는 세계화의 진행과 더불어 전 세계적으로 급속히 확산될 수 있는 개연성을 가지고 있는 것이다. 이것이 바로 국제사회가 당면하고 있는 과업의 초점이 소극적 평화의 실현에서 한걸음 더 나아가 적극적 평화의 구현으로 확대되고 있는 이유이며, 우리도 이러한 국제사회의 노력에 적극적으로 동참해야 할 필요가 있는 것이다.

2000년대 이후 우리나라의 외교정책의 추이를 살펴보면 이러한 필요성에 대한 인식이 점차 확산되고 있음을 볼 수 있다. 이른바 국격(國格), 즉 국가의 품격에 걸맞는 또는 국가의 품격을 높일 수 있는 외교정책 방안에 대한 논의가 활발하게 이루어지고 있는 것이 바로 그것이다. 그러한 방안으로 거론되고 있는 것 중 대표적인 것이 바로 평화

우리는 국제무대에서 의미 있는 발언권을 행사하고, 국제사회의 변화를 선도할 수 있는 리더십을 갖춘 국가가 되기 위해 노력해야 한다.
그 어느 때보다 국제사회에서 존경받는 품격을 갖춘 국가가 되기 위한 외교정책의 수립이 절실히 요구된다.

유지활동의 참여 강화, 그리고 공적개발원조의 증액 등이다. 이러한 정책의 수행을 통해 국가의 품격, 국가브랜드의 가치를 높이는 것은 우리의 국가이익에 직접적인 도움이 될 뿐 아니라 나아가 극제평화의 증진에 기여하는 길이 될 것이다. 이를 통해 우리는 책임 있는 국제사회의 구성원으로서 자리매김을 함으로써 국가의 선진화를 이루어 낼 수 있을 것이다.

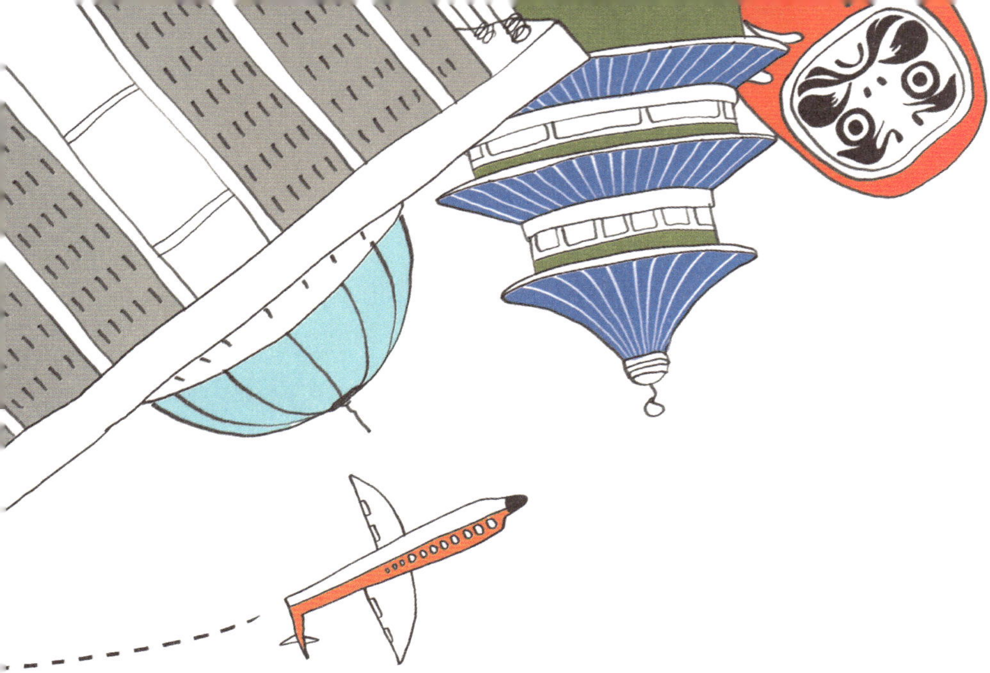

1. 21세기 인재 양성소, 정치외교학과

2. 정치외교학과를 졸업하면 어디에서 일할 수 있을까?

3. KOREA 브랜드 파워를 만들자!

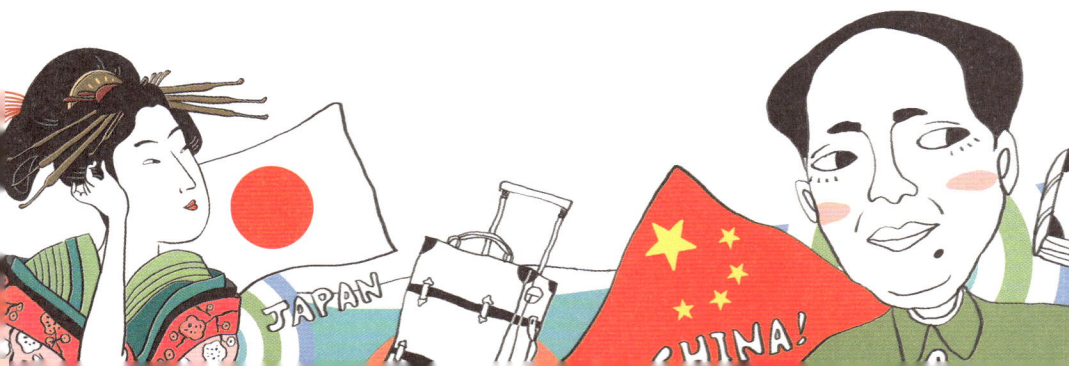

미래를 상상하다

21세기 인재 양성소, 정치외교학과

다음은 정치외교학 전공자의 진로와 전망에 대한 어느 대학교 홈페이지의 소개글이다.

폭넓은 상식과 논리적 사고 능력을 겸비한 정치외교학과 졸업생들은 현재 학계, 재계, 언론계, 정계, 관계, 국제기구 등에서 맹활약하고 있으며, 다양한 분야에서 꼭 필요한 인재들로 주목받고 있다. 그 이유는 다음과 같다.

- 세계화의 진행에 따른 시대적 환경의 변화로 국제적 시각과 역량을 갖춘 인재의 육성 필요성 대두
- 남북통일 문제, 국제환경의 급변, 시민사회의 급성장 등에 따른 정치학 연구 수요 증가
- 법학전문대학원 설립에 따른 정치학 교육 수요 증가 등으로 인해 미래지향적 리더의 양성을 목표로 하는 정치외교학과의 성장과 발전 가능성 증대

미래를 상상하다

정치외교학이라는 학문은 언제 어디에나 존재하는 권력 관계에 대한 연구를 하는 학문이기 때문에 현실 적용의 가능성은 무궁무진하게 많이 있다. 나의 제자 가운데는 고시나 자격시험에 합격하여 공직과 전문직에 종사하면서 국가에 봉사하고 있는 이, 언론계에 진출하여 필력으로 우리 사회에 영향력을 행사하는 이, 대학원 석박사 과정에 진학해 학문 정진에 땀 흘리고 있는 이, 기업체에 취직하여 한국 경제의 도약을 위해 뛰고 있는 이, 교직과목을 이수하고 교원자격증을 취득하여 학교에서 교편을 잡고 있는 이, 공연기획사에 들어가 우리나라 문화예술의 발전에 기여하고 있는 이, 심지어는 항공사에 취직하여 비행기 조종사나 승무원이 된 이 등 매우 다양한 분야에 진출하고 있다.

이들이 하는 일들은 모두 다르지만, 한 가지 공통점이 있다. 이들 모두가 자신이 몸담은 직장에서 아주 잘하고 있다는 점이다. 인간관계도 좋고, 리더십도 있으며, 업무의 큰 그림을 파악하여 변화무쌍한 상황에 적절하게 대처하는 능력이 탁월하기 때문이다.

정치외교학과는 이런 점에서 어느 특정 직장의 특정 업무가 요구하는 구체적인 기술을 습득하는 데 초점을 맞추기보다는 인간의 본성과 조직생활의 속성에 대한 이해를 심화시키는 한편 사람과 사람이 어울려 살면서 자연스럽게 발생하게 되는 제반 갈등 상황의 원인

을 파악하고 그 수습 방안을 모색하는 능력을 자연스럽게 체득하게 하는 환경을 제공해 주는 것으로 생각된다.

물론 정치외교학을 전공한다고 해서 대학시절 동안 기술적 지식의 습득이나 직무 훈련이 전혀 이루어지지 않는 것은 절대 아니다. 수업시간에 사용하는 교과서가 영어 원서인 경우가 많으며 많은 학교에서 영어 강의가 이루어지고 있기 때문에 대체로 정치외교학과 출신들의 어학 실력은 다른 학과에 비해 높은 편이다.

특히 정치외교학 전공자들 가운데 상당 부분은 외교라는 부분에 매력이 끌려 전공을 선택한 사람들이다 보니 외교무대에서의 활동을 위해 필수적인 영어와 제2외국어에 대한 관심과 열정이 다른 어느 전공자들보다 강하다. 그 결과 졸업 이후 선택한 진로가 외교관이 아닌 경우에도 외국어 실력이 상당한 수준에 도달하는 사람들이 많이 있음을 본다.

물론 예외도 있지만 정치외교학과 학생들은 대체로 매사에 적극적이고 사교적인 성품을 갖게 되는 경우가 많다. 태생적으로 성격이 활달한 사람이 정치외교학과를 선택하는지도 모르겠지만, 저학년 시절에는 수줍음이 많고 내성적이던 학생도 없지 않은데 이 학생들이 학년이 올라가며 주관도 뚜렷해지고 외향적인 성격으로 변모해 가는 모습을 적잖이 보아온 것이 나의 13년 교단에서의 경험이다. 이처럼 정치

외교학과는 21세기가 요구하는 인재를 키워나가는 곳이라고 해도 과
언이 아닐 것이다.

정치외교학과 졸업생은 다양한 직종에서
두각을 나타내고 있다. 특히 뛰어난 어학실력과
활달한 성품으로 몸담고 있는 직장에서
리더십을 발휘하고 있는 인재가 많다.

정치외교학이라는 학문은
언제 어디에나 존재하는 권
력 관계에 대한 연구를 하는
학문이기 때문에 현실 적용
의 가능성은 무궁무진하게
많이 있다

정치외교학과를 졸업하면 어디에서 일할 수 있을까?

국가와 국민의 이익을 대변해라! 외교통상부

정부부처 가운데서 정치외교학 전공자가 가장 많이 집중되어 있는 곳은 외교통상부다. 국제정치와 외교정책에 대한 공부를 집중적으로 하는 정치외교학과가 외무 관료를 가장 많이 배출하는 것은 당연한 일일 것이다.

정치외교학 전공자들은 외무고시는 물론, 행정고시, 사법고시, 입법고시, 지방고시를 비롯한 각급 공무원 시험에 많이 응시하고 있으며, 우리나라의 정보업무를 총괄하는 국가정보원에도 많이 진출하고 있다. 급변하는 세계 속에서 국가이익을 극대화하기 위한 국가전략의 수립과 이행을 담당하는 인재의 역할을 정치외교학도들이 적극적으로 수행할 의지를 보이는 것은 매우 바람직한 현상이 아닐 수 없다.

미래를 상상하다

국제사회를 무대로 꿈의 나래를 펼쳐라! 국제기구

정치외교학 전공자 중 적지 않은 수가 국제사회를 활동의 무대로 선택하고 있다. 반기문 사무총장이 UN의 최고 수장이 된 것처럼, 우리나라의 유능한 젊은이들이 국제기구로 많이 진출하고 있는 것이다. 국제기구에 진출하기 위해서는 아무래도 국제적인 감각과 어학 실력, 그리고 국제정세에 대한 지식과 이해력을 필요로 한다는 점에서 정치외교학과 출신들이 경쟁력을 갖는 진로가 아닐 수 없다. 더욱이 오늘날 국제기구의 수와 규모가 꾸준히 늘어나고 있는 추세이며, 지금까지 우리나라는 국가의 규모나 국제사회에의 기여도에 비해 국제기구로의 인력진출은 다소 낮은 편이었기 때문에, 앞으로 우리나라의 젊은이들이 국제기구에 진출할 수 있는 기회는 빠른 속도로 많아지리라 생각된다.

우리나라 사람이 진출하고 있는 국제기구로는 UN의 각 기구를 비롯해 OECD(경제협력개발기구), WTO(세계무역기구), IAEA(국제원자력기구), UNDP(국제연합개발계획) 등 다양하다. 국제연합에 진출하기 위한 방법으로는 여러 가지가 있는데, 그 중 하나가 우리 정부가 제공하는 정보를 이용하는 것이다. 우리 정부는 한국인의 국제기구 진출을 측면에서 지원하기 위해 1995년 외교통상부 국제연합국 내의 UN정책과에 '국제기구 인사센터'를 설치하여 대국민 서비스를 실시하고 있다. 그리고 UN에서 인턴십 프로그램을 통해 인턴으로 근무한 후 정식 직원으로 채용되는 경우도 있고, 국제기구에 공석이 생겼을 경우 웹 사이트의 직원모집 공고를 통해 지원할 수도 있다.

국제정치적 식견과 판단 능력을 발휘해라! 정치외교 관련 국책연구소
그 외에도 정치외교학 전공자들이 많이 있는 직장으로는 정치외교 관련 국책연구소를 들 수 있다. 대부분 학부에서 정치외교학을 전공하고 석박사 학위까지 취득한 사람들이 들어가게 되는데 이러한 연구소로는 통일연구원, 외교안보연구원, 세종연구소 등이 있으며, 그 외에도 교육개발원이나 한국개발연구원, 한국원자력연구원, 한국전자통신연구원, 대외경제정책연구원, 여성정책개발원, 보건사회정책연구원 등에서도 국제정치적 식견과 정책적 판단 능력을 가진 인력에 대한 수요가 있기 때문에 정치학 박사를 필요로 하고 있기도 하다.

정치적 안목과 국제적 감각을 발휘해라! 언론기관
정치외교학 전공자가 상대적으로 많은 또 하나의 직장은 언론기관일 것이다. 정치외교학 전공자들이 4년간의 교육을 통해 갖게 되는 적극성과 사회정의에 대한 열정 등이 언론계 진출의 자양분이 되고 있는 것으로 생각된다. 아울러 모든 언론기관에는 정치부와 국제부가 따로 있다. 정치부와 국제부에서 일하는 기자의 상당수는 정치외교학 전공자다. 정치외교학 전공자가 정치적 안목과 국제적 감각에 있어 아무

래도 남다르기 때문일 것이다.

정치외교학 전공자들은 자신의 꿈과 적성에 따라 다양한 직업에 종사하고 있다.

기업의 이윤을 극대화시켜라! 기업체

정치외교학 전공자들이 졸업 후

가장 많이 취업을 하게 되는 곳은 역시

기업체다. 아무래도 기업체가 대학졸업자

들에게 가장 많은 일자리를 제공하기도 하거

니와, 자본주의 사회 특유의 역동성의 원천이 바로 이윤의 극대화를

추구하는 기업 활동이기 때문이다.

그 외에 어떤 곳에 진출할까?

그 외에도 정치외교학 전공자들은 대학에서 교직과목을 이수해 중고

등학교에서 교편을 잡거나, 세무사나 관세사 시험에 합격해 전문직을

갖는 경우도 있으며, 자신의 꿈과 적성에 따라 다양한 직업에 종사하

정치외교학과 졸업생은 반기문 UN 사무총장과
같이 외교관의 길을 걷거나 국제기구에 몸담는 경우도 있으며,
정부 관료, 유수 연구 기관의 연구원, 언론인, 교육자 등의
길을 걷고 있는 사람도 많다. 또한 각종 자격시험에
합격해 전문직에 종사하는 사람, 기업체에 취직하여
우리나라 경제발전의 역군으로 일하고 있는 사람 등
다양한 진로를 걷고 있다.

고 있다.

나의 선후배, 그리고 제자들을 지켜보며 느끼는 것은 정치외교학과를 졸업한 사람들은 어디에 가나 발군의 상황판단 능력, 뛰어난 인화력, 탁월한 리더십을 발휘해 훌륭히 제몫을 다하고 있다는 사실이다. 정치외교학과에서의 공부를 통해 얻은 지식, 그리고 정치외교학과에서 만난 친구와 선후배 간의 교류를 통해 형성된 인격과 품성이 정치외교학과 전공자들로 하여금 우리 사회의 빛과 소금의 역할을 할 수 있도록 뒷받침해 주고 있는 것이다.

정치외교학과를 졸업한 유명인사에는 누가 있을까?

학부에서 정치외교학을 전공한 사람들 가운데 학생들과 일반인들에게 가장 널리 알려진 사람은 아마 반기문 UN 사무총장일 것이다. 반기문 UN 사무총장은 1970년 대학교 졸업과 함께 외무고시에 합격해 외교관 생활을 시작하게 된다. 반기문 UN 사무총장은 30년이 넘는 외교관 생활 동안 외교부 차관, 대통령 외교안보수석 비서관, 외교부 장관 등을 역임한 후, 2006년 제8대 UN 사무총장에 취임함으로써 분단국가로서는 처음으로 우리나라에서 UN 사무총장이 배출되는 쾌거를 이루었다. 취임 후 반기문 UN 사무총장은 지구 곳곳을 방문하며 지구촌의 갖가지 복잡하고 심각한 문제들을 끈기 있게 해결해 냄으로써 탁월한 직책 수행을 하고 있다는 호평을 받고 있다.

반기문 UN 사무총장 이외에도 정치외교학을 전공한 유명인사는 많이 있다. 이만섭 국회의장, 한승수 총리, 이홍구 총리를 비롯해서 정부 각 부처의 장관을 역임했거나 국회의원을 지낸 많은 사람들이 정치외교학을 전공했다.

법조인이 직업정치인이 된다?

정치외교학과가 앞으로 한국사회에서 특화된 경쟁력을 가질 수 있는 부분이 있다. 로스쿨(Law School), 즉 법학전문대학원에 진학하기 위해 갖추어야 할 식견을 기르는 데 정치외교학과가 적합하다는 사실이 바로 그것이다. 미국의 경우 로스쿨의 진학을 꿈꾸는 학생들은 학부에서 정치학을 전공하기 위해 몰려온다. 로스쿨에 가기 위해서, 법조인으로서의 활약을 위한 기초를 다지기 위해서, 그리고 궁극적으로 정치인으로서의 경력을 계발하기 위해서다.

법의 제정과 적용의 상당 부분은 정치현상, 즉 갈등의 발생, 전개, 그리고 해결책의 모색과 밀접하게 연관되어 있다. 따라서 정치적 메커니즘에 대한 심층적 이해가 법조인이 되기 위한 트레이닝의 전제 조건이 되는 것이다.

물론 법과 정치는 다르다. 법은 판결의 권한을 가진 자가 명문화된 규범의 적용을 통해 판단을 내리는 것이 그 요체라고 한다면, 정치는 정해진 규칙의 틀 속에서 이해 당사자가 서로의 교섭력에 의해 가치를 배분하는 것을 특징으로 한다.

따라서 정치에서는 교섭의 결과가 가변적일 수 있음이 인정된다. 반면 법에서는 법조문의 엄격한 해석을 통해 적용에 있어 가장 적확한 정답을 구하는 것이 목표가 된다. 이렇게 본다면 정치와 법은 서로 본질적으로 다른 논리의 세계에 속하게 된다.

그러나 정치와 법을 그렇게 이분법적으로 갈라놓아서는 곤란하다. 정치는 법에 기초해서 진행되고, 법은 정치적 지혜에 입각해서 국민과 함께 해석될 때 비로소 법적 절차가 국민 안에 자연스럽게 뿌리박게 되고 법을 존중하고 법

미래를 상상하다

을 지키고자 하는 준법정신이 제고될 수 있기 때문이다. 따라서 법은 정치적 이해를 필요로 하고, 정치 또한 법적 기초에 대한 이해와 수용을 필요로 하는 것이다.

이런 이유로 인해 미국에서는 많은 법조인이 직업정치인이 되고, 정치인의 상당수가 법조인 출신인 것이다. 법조인으로서의 경력을 거쳐 정치인의 길을 가는 데 있어서도 정치학에 대한 지식과 소양은 필수적이다. 법조인으로서, 그리고 정치인으로서의 실천지(實踐知)가 바로 정치외교학에서 구해질 수 있는 것이다.

이런 현상은 우리나라에서도 크게 다르지 않다. 현재 정계에 몸담고 있는 사람들 중 많은 수가 이른바 율사 출신이라고 한다. 법률을 다루는 사람, 즉 법조인들이라는 뜻이다. 아마 앞으로도 법률을 공부하고 법을 시행하는 사람들 중 많은 이들이 정계에 몸을 담게 될 것이다. 이들은 스스로 정치인으로서의 자질을 제대로 갖추기 위해서는 정치현상에 대한 심층적 이해가 필요하지 않을 수 없다. 법조인이 되기 위한 조건으로 정치외교학을 공부해야 하는 이유가 여기에 있다.

로스쿨 진학의 열쇠, IRAC

우리나라에서 로스쿨을 가려면 법학교육적성시험(LEET)이라는 것을 봐야 한다. 우리나라에서는 아직 치른 적이 없는 LEET 시험이 어떻게 나올지 정확하게 예측하는 것은 쉽지 않다. 다만 미국의 로스쿨 입학시험인 LSAT(Law School Admission Test)에서 유추해 볼 수는 있다.

LSAT는 학생이 로스쿨에 진학했을 때, 그리고 로스쿨 졸업 후 변호사 시험 (Bar exam)을 통과해 변호사 자격증을 취득했을 때, 과연 로펌에서 생존할 수 있는 능력이 있는지를 테스트한다. 로스쿨에서의 생존능력은 어디에서 판가름 나는가? 바로 IRAC다.

IRAC가 무엇인가? 어떤 사실이 주어지면, 그 사실의 핵심을 이루는 쟁점 (Issue)이 무엇인지를 간파해서, 적용되는 과거의 판례(Ruling)를 찾아 이를 근거로 쟁점을 분석(Analysis)한 뒤, 마지막으로 재판에서의 승산이 있는지, 있다면 어떤 전략을 짜야 할 것인지에 대한 결론(Conclusion)을 도출하는 것을 말한다(차동욱의 'Pre-Law 어떻게 해야 하나?'(한국정치학회소식)). 아울러 이것을 얼마나 신속하게, 그리고 정확하게 하는지가 중요한 관건이기도 하다. 한 사건을 무한정 붙들고 있을 수는 없기 때문이다. 요컨대 로스쿨에 진학하기 위해서는 제한된 시간에 빨리 쟁점을 파악하고 분석을 통하여 가능한 결론까지 도출하는 능력을 가지는 것이 필요하다.

이러한 능력을 함양함에 있어 정치외교학과는 좋은 환경을 제공해 준다. 인간사회에서의 갈등의 현실, 협력의 가능성, 권력의 속성 등에 관한 성찰이 정치외교학 연구의 핵심을 이룬다는 점은 이미 앞서 밝힌 바와 같다.

따라서 정치학적 훈련을 통해 우리는 인간 사회에서 벌어지는 다양한 갈등의 본질적 쟁점을 파고들고, 경험의 축적과 연역적 사고를 결합해서 만들어진 이론적 관점을 적용하

여 갈등의 악화 또는 해소에 영향을 미치는 요인들을 분석함으로써 현실 속에서 벌어지는 갈등의 전개 양상을 예측하고 해소 방안을 모색할 수 있다. 또한, 정치사상의 학습에서 습득된 규범적 통찰력을 활용해 궁극적으로 우리가 속한 집단, 조직, 사회, 국가가 지향해야 할 비전을 제시할 수 있는 능력을 함양하게 된다.

정치외교학과에서 제공하는 이러한 훈련은 곧 로스쿨에서의 교육과정과 후일 법조인으로서의 활동을 위해 필수적인 소양을 쌓게 해준다.

KOREA 브랜드 파워를 만들자!

세계인에게 깊이 각인되지 못한 'KOREA'

개인적인 얘기를 하자면, 나의 학문적 관심영역 중 가장 큰 비중을 차지하는 것은 유럽정치다. 오래전부터 유럽통합의 문제에 많은 관심을 갖고 있다 보니 유럽에 대한 글도 쓰게 되고 또 현지조사를 위해 유럽에 가게 되는 일이 종종 있다.

유럽을 방문할 때면 그곳 사람들이 한국에 대해 어떤 생각들을 하고 있는지를 나름대로 조사해 보기도 한다. 엄밀한 과학적 디자인과 거창한 방법론적 기법을 동원한 조사는 아니고, 유럽 사람들의 한국에 대한 인지도가 어느 정도 되는지에 대한 일종의 간이 조사 정도다.

유럽에서 만나는 사람들 중에는 가끔 내가 어느 나라에서 왔는지를 물어볼 때가 있다. 그러면 바로 대답을 해주는 대신 내가 어디에서 온 것 같은지 한번 맞혀 보라고 한다. 대부분의 유럽 사람들은 섭섭하게도 맨 먼저 나한테 일본 사람이냐고 묻는다. 아니라고 하면서 다시 맞

미래를 상상하다

혀 보라고 하면, 그럼 중국에서 왔느냐고 한다.

중국도 아니라고 하면서 내심 다음에는 한국을 얘기하리라 기대를 하지만, 유감스럽게도 그들의 얼굴에는 당혹과 짜증의 기색이 살짝 스쳐가며 "그럼 어디죠?"라고 묻는 경우가 많다. 그제야 한국에서 왔노라고 밝히면, 조금 점잖은 사람들은 한국에 대한 자신들의 지식을 총동원해 한국에 대해 뭔가를 아는 것이 있다는 것을 보여주려고 안간힘을 쓰는 것으로 한국을 미리 언급하지 않은 것에 대한 미안함을 만회하려 한다. 한국에서 왔다고 하면 아, 그러냐고 하면서 대수롭지 않게 대답하고 마는 경우가 사실은 더 많다. 이들 유럽 사람들에게 있어서 아시아는 일본과 중국이 대부분인 것이다.

그러던 것이 2002년 월드컵 이후 한동안은 사정이 달랐다. 유럽에 가서 만나게 된 사람들에게 내가 어디서 왔는지를 맞혀 보라고 하면 대뜸 한국이냐고 물어보는 경우가 적지 않았다. 한국이서 왔다고 하면 반색을 하며 한국에 대해 뭔가를 아는 척하는 사람들도 꽤 있었다. 월드컵 4강 진출의 경이로운 위력이었다고 생각된다.

그러더니 2~3년 지난 후, 2004년이 되고 2005년이 되자 다시 "일본도 중국도 아니라면 도대체 어디?"라는 반응이 되살아나고 있다. 한국이라는 브랜드 파워가 적어도 유럽에서는 월드컵 이전으로 원위치를 하고 있는 것이다.

유럽이 아직 한국을 제대로 기억하지 못하고 있는 것은 결국 우리의 기대와는 달리 '대한민국'의 인지도가 아직은 그다지 높지 않기 때문

이다. '문명충돌론'으로 우리에게까지 유명해진 미국의 정치학자 새뮤얼 헌팅턴은 두 차례의 평화적 정권 교체가 성공적으로 이루어진 나라는 민주주의의 공고화 단계에 접어든 것이라는 명제를 제시한 바 있다. 이 명제를 수용한다면, 2007년 12월의 대선을 전후한 한국정치의 전개 상황은 무엇보다도 한국의 정치적 민주주의가 또 한걸음 제도적 공고화의 단계에 가까이 다가갔음을 보여주는 것이라 하겠다.

1997년 헌정 사상 처음으로 야당의 대통령 후보가 당선됨으로써 실질적인 정권교체가 이루어진 후 10년 만에 다시 정권이 야당으로 넘어감으로써 두 번째 정권 교체가 이루어졌던 것이다. 2007년 대선 당시 혼란스런 정당의 이합집산이 이루어짐으로써 정당정치가 오히려 후퇴한 조짐이 있기도 했고 건전한 정책 대결이 부재했다는 비판도 가능하지만, 절차적 정당성을 갖춘 공정한 선거 이외의 방법을 통한 정권의 교체 또는 재창출은 이제 상상하기조차 어려운 일, 도저히 있을 수 없는 일로 간주되고 있다는 것 자체가 20년 짧은 기간 동안 우리의 민주화는 빠른 성숙의 과정을 밟아왔음을 증명하는 것이라 하지 않을 수 없다.

2007년에 이르러서는 1997년 동아시아 금융 위기로 말미암아 국민소득 2만 불의 문턱에서 좌절했던 우리나라가 꾸준한 회생 노력에 힘입어 마침내 다시 2만 불 시대에 접어들게 되었다. 양극화의 문제가 심

화되었다거나, 환율변동에 따라 엉겁결에 맞이한 2만 불 시대라던가 하는 논란이 많았던 것은 사실이지만, 적어도 1997년 금융 위기 이후 10년 동안 우리의 경제가 다시 정상화되었을 뿐더러 앞으로 더더욱 도약할 수 있다는 자신감을 어느 정도 회복하게 되었다는 점에서 2만 불 시대의 도래를 냉소적으로만 볼 일은 아닌 것으로 생각된다.

거침없이 달려온 경제발전의 성공신화, 경제성장 못지않게 압축적으로 발전해 온 한국의 민주정치, 그리고 이제 문화 영역에서도 우리 자신을 놀라게 하고 있는 한류의 확산효과 덕분에 한국의 위상은 정치적 권위주의와 경제적 저발전의 상태를 채 벗어나지 못한 가운데 우리가 스스로를 약소국이자 후진국이라 여기고 있었던 20여 년 전과는 크게 달라지고 있는 것이 사실이다. 그럼에도 불구하고 월드컵의 열기가 사라진 지금 유럽인의 뇌리에서는 한국이 점차 지워지고 있다. 왜 그럴까?

이는 대한민국이라는 브랜드 파워가 아직 약하기 대문이다. 우리는 아직 유럽이나 북미의 국가들과 같은 선진 자본주의 국가도 아니다. 비록 동아시아에서는 한류의 주인공이 됐지만, 세계인을 매료시킬 수 있는 문화적 자원의 발굴과 전파도 아직은 이루어지지 않고 있다. 이런 마당에 남들이 우리를 기억해 주기를 바라는 것 자체가 무리일지도 모른다.

국가브랜드 지수라고 하는 것이 있다. 이것은 국가의 명성 지수를 구체적으로 계량화시킨 것으로 안홀트–GMI 라는 평가기관에서 2005

년부터 분기별로 각국의 수출, 국민, 통치, 관광, 이민과 투자, 문화와 유산이라는 6개의 항목을 종합적으로 평가해 발표하고 있는 지표이다. 우리나라의 국가브랜드 지수는 상당히 저조한 수준이다. 2007년 상반기 안홀트–GMI의 조사대상인 40개 국가 중 우리나라는 31위에 머무르고 있다. 영국, 독일, 캐나다, 프랑스, 스위스 등의 구미 국가들이 최상위를 차지하고 있는 가운데, 아시아권에서만 하더라도 일본이 9위, 중국이 22위인 것에 비추어 보면 우리나라의 순위는 많이 뒤처지고 있음을 알 수 있다.

한편 한 국가 내의 모든 국민들이 생산해 내는 브랜드 가치의 총합산을 나타내는 국가브랜드 가치라는 지표도 있다. 안홀트–GMI에 따르면 2007년 우리나라의 국가브랜드 가치는 3,510억 달러로 추산된다. 이는 미국에 비해서는 56분의 1, 일본에 비해서는 27분의 1에 불과한 수치다. 우리의 GDP가 미국의 14분의 1, 일본의 5분의 1인데, 국가브랜드 가치는 이보다 훨씬 더 뒤떨어져 있는 것이다. 심지어는 우리보다 경제 규모가 훨씬 작은 네덜란드만 해도 우리보다 3배 가까운 9,300억 달러의 국가브랜드 가치를 갖고 있는 것으로 평가되고 있다.

국가브랜드는 경제적으로 매우 중요한 의미를 갖는다. 일단 같은 품질과 디자인의 제품이라 하더라도 인지도가 높고 호감이 가는 브랜드는 소비자들에게 더 비싼 가격으로 팔릴 수 있다. 상품에 대한 소비자의 신용이 높고, 고급품이라고 생각되기 때문이다. 관광객의 유치에도 브랜드 가치가 높은 나라가 훨씬 유리하다. 브랜드 가치가 높은 나

라는 안전하고, 쾌적하고, 편리할 것으로 생각되기 때문이다. 따라서 우리나라의 경제적 발전 수준을 한 단계 더 업그레이드시키기 위해서라도 국가브랜드의 개선은 시급히 요청된다.

하지만 국가브랜드의 가치는 비단 경제적 수준에서뿐만 아니라 국제사회에서의 전반적인 영향력을 지칭하는 연성권력(soft power)의 차원에서도 논의될 수 있다. 연성권력이란 타인의 선호를 나의 선호와 일치시킴으로써 나에게 자발적으로 동조하도록 하는 능력을 일컫는다. 연성권력은 군사력이나 경제력과 같이 타 국가에 대해 물리적 강제와 물질적 보상을 담보로 영향력을 행사하는 경성권력(hard power)과는 달리, 보편적 규범의 창달과 이행을 통한 도덕적 정당성의 확보, 매력적인 문화의 전파에 따른 호감의 획득 등을 통해 얻어질 수 있다. 우리는 어떠한 방식으로 연성권력을 가질 수 있을까?

우리나라는 제국주의적 침탈의 대상인 피식민국가로서의 경험, 전쟁과 분단을 겪은 냉전의 최대 피해자로서의 경험을 모두 가진 나라다. 아울러 우리는 극심한 가난과 혼란을 겪었던 제3세계 국가로서의 현대사의 궤적을 가지고 있으면서도, 한편으로는 이를 모두 딛고 일어서 세계의 주변부에서 중심부로 진입한 세계사의 유례에서 찾아보기 힘든 실례를 보여주고 있는 나라이기도 하다. 이는 곧 우리의 현존하는 세대가 제3세계의 삶과

제1세계의 삶을 모두 경험한 매우 독특한 인식구조를 가질 수 있음을 보여주는 것이다.

이러한 우리만의 인식구조를 잘 활용할 경우, 우리는 제1세계의 일원이지만 제3세계의 문제를 이해하고 해결함에 있어 누구보다도 매우 유리한 위치를 차지할 수 있을 것으로 보인다. 제3세계 국가는 제3세계의 문제를 스스로 풀지 못하고 있고, 제1세계는 자신들의 이해관계와 직접적 연관이 있는 문제에만 선택적으로 개입하려는 추세를 보이고 있는 오늘날, 제3세계에 대한 지원의 필요성을 국제사회에 환기시키고, 제3세계에 대한 공동의 지원을 이끌어 내는 데 중추적 역할을 할 수 있다면, 그 자체로 우리는 훌륭한 국가브랜드를 가질 수 있게 될 것이다.

한국의 입장에서는 긴박하게 움직이는 동북아 정세를 고려하건대 가장 중요한 외교적 현안은 당연히 주변 4강과의 관계다. 그중에서도 동북아에서의 영향을 지속하려는 초강대국 미국과의 관계의 중요성은 아무리 강조해도 지나침이 없다. 북한에 대한 가장 큰 영향력을 갖고 있는 중국과의 관계 또한 우리의 사활적 이익이 달린 외교 사안이 아닐 수 없다. 나아가 일본, 러시아, 그리고 EU 또한 우리의 안보와 경제 이익의 극대화를 위해 중요한 협력 파트너가 되어야 한다.

하지만 경제학적 비유를 들자면 이러한

강대국들과의 관계에 있어서는 우리의 위치는 대체로 price-maker이 기보다는 price-taker다. 시장 상황에서 가격의 형성에 적극적으로 영향을 미칠 수 있는 입장이 아니라, 시장에서 형성된 정해진 가격을 수용할 수밖에 없는 수동적 존재와 같다는 것이다. 이는 국제정치에서 우리가 미국과 같은 강대국과 어깨를 견주어 가며 국제정세의 흐름을 적극적으로 만들어 나갈 수 있는 위치에 있는 것이 아니라, 강대국을 중심으로 하는 세력권의 상호작용을 통해 형성된 국제정세의 현실을 받아들이는 가운데 이에 신중하고 사려 깊게 적응해야 하는 처지에 있다는 뜻이다. 주변 4강과의 관계 속에서는 아무래도 우리의 운신의 폭이 이미 존재하는 규칙과 규범, 그리고 기존의 힘의 관계에 의해 제한될 경우가 많다. 따라서 이들과의 관계 속에만 함몰될 때, 우리의 위상에 변화를 가져오는 새로운 국가브랜드의 개발은 용이하지 않다.

우리만의 브랜드 파워를 창출해 낼 수 있는 부분은 바로 제3세계에 대한 관심과 지원을 선도적으로 이끌고 나가는 데 있다. 따라서 우리는 주변 4강과의 외교를 통해 우리의 안보 이익과 경제적 이익을 지키고 키워나가는 동시에 제3세계를 지원하는 외교활동을 통해 우리의 브랜드 파워를 극대화시킴으로써 우리나라의 연성권력을 증대시키는 방안을 모색해야 할 것으로 보인다.

우리나라는 제3세계에 대한 지원을 아끼지 않되, 제1세계의 일원임을 확고히 할 필요가 있다. 제1세계와의 연대를 공고히 하면서, 제3세계에 대한 관심과 지원을 늘려야 한다. 제3세계에 대한 지원은 인도주의적 동기와 더불어 보다 안전한 세계의 건설을 위해서라도 필요하며, 우리의 안보와 경제 이익을 위해서도 바람직한 일일 것이기 때문이다.

우리나라는 높아진 정치경제적 위상에도 불구하고 아직 해외에서의 인지도와 호감도를 나타내는 브랜드 파워는 그다지 높지 않은 편이다. 우리나라의 경제가 더욱 발전하고 우리의 국제정치적 영향력이 더 커지기 위해서는 국제사회의 평화와 번영을 위해 더욱 많이 기여해야 할 것이며, 그 역할은 정치외교학 전공자들이 가장 잘 수행할 수 있다.

미래를 상상하다

정치적 인물이 되고 싶다면 교양을 쌓아라!

대학 입학 전 읽어두거나 미리 접하면 좋을 법한 책들과 영화, 예술 작품 등은 많이 있다. 그런데 정치외교학과에 진학한다고 해서 반드시 정치나 외교에 직접적으로 관련된 책만을 골라 읽을 필요는 없다. 오히려 그러서는 안 된다고 본다. 비록 정치외교학 전공자라 할지라도, 그리고 후일 정치외교학과 밀접하게 관련되는 일을 하게 된다고 하더라도 교양적 지식은 폭넓고 풍부한 것이 좋다. 예를 하나 들어보자.

일전에 우리나라의 외교관을 하셨던 분과 허물없는 얘기를 나눌 기회가 있었다. 외무고시를 합격해서 오랜 기간 외교관으로 봉직하셨던 분이었다. 이분 말씀이 우리나라 외교관들 중에는 교양적 지식이 부족한 사람들이 많다는 것이다. 내가 알기로는 우리나라의 외교관들은 적어도 공부에는 나름대로 일가견이 있으신 분들이다. 외무고시에 합격하려면 얼마나 많은 공부를 해야 하고 또 얼마나 치열한 경쟁을 뚫어야 하는가. 우수한 두뇌와 탁월한 학습 능력을 자랑하시는 분들이 바로 우리나라 외교관들이 아닌가. 그런데, 우리나라 외교관들이 교양적 지식이 부족한 분이 있다니, 그게 도대체 무슨 소리인가?

그분 말씀은, 해외 공관이나 국제기구에 나가서 근무를 하다 보면, 다른 나라 외교관들과 사적인 자리에서 만나게 되는 경우가 적지 않다고 한다. 회의 또는 업무차 공식석상에서 만나는 경우도 있지만, 때로는 가족을 동반해서 야외로 함께 소풍을 갈 때도 있고 서로 집으로 초대해 식사를 하는 경우도 있다는 것이다. 사실 사람들이 서로 친해지기 위해서는 이런 편안한 자리를 함께 많이 하는 것이 중요하다. 일을 위해서라도 그렇다. 사적으로 서로 편한 사이가 아무래도 일을 같이 하는 데 있어서도 훨씬 얘기가 더 잘 통할 수 있기 때문이다. 아닌 게 아니라 국가들 간의 협상에 있어서도 때로는 공식적인 회의석상에서는 서로의 입장이 팽팽히 맞서다가도, 쉬는 시간 동안 회의장 바깥의 소파에 앉아서, 또는 차나 커피를 같이 마시면서 허심탄회하게 이야기를 나누는 가운데 자신의 입장을 좀 더 정확하게 전달하고 상대방의 상황을 더 잘 이해하게 됨으로써 협상의 진전을 이루는 경우들이 있다고 한다. 이럴 때, 평소 공식적인 자리에서만 만나던 사람과 사적인 자리에서도 잘 어울리던 사람 중 누구와 더 대화가 잘 통하겠는가? 당연히 후자라는 것은 불문가지(不問可知)일 것이다. 따라서 일을 위해서라도 사적인 친교를 평소에 해두는 것이 중요하다. 이를 위해 소풍도 같이 가고, 서로의 집에도 다녀가는 것이다.

그런데 사적인 자리를 가질 때 사람들은 서로 쳐다보고만 있는 것이 아니다. 세상 돌아가는 이야기, 음악 이야기, 문학 이야기, 스포츠 이야기, 과학 이야기 등등 다양한 주제를 화제 삼아 서로 환담을 나누게 된다. 그런데 만일 어떤 사람이 가끔 웃기만 할 뿐 허구한 날 우두커니 앉아 있기만 한다면, 그 사람은 그 모임에서 겉돌게 되기 마련이고, 결국은 그 모임에 참석하는 빈도가 서서히 줄어들게 될 것이다. 반면 대화에 열심히 참여하면서 재미있고 내용도 알찬 이야기를 수시로 한다면, 그 모임에 있는 사람들과 친해지기가 한

미래를 상상하다

결 쉬울 것이다.

문제는 과거 우리나라 외교관들 중에는 그걸 썩 잘하지 못하는 분들이 있었다고 한다. 우리나라 외교관들은 대부분 고시 공부를 열심히 하던서 대학 생활을 보내고 고시 합격 후에는 과중한 업무에 시달리게 된다. 그러다 보니 다양한 지식을 쌓을 기회를 갖지 못하게 되고, 또 '과묵함'을 미덕으로 알고 살아온 우리의 문화 때문에 아무래도 토론과 대화의 분위기에 익숙하지 않아 사적인 자리에서 다양한 주제를 놓고 자유롭게 이야기를 주고받는 데 서투른 경우가 있다는 것이다. 그러다 보니 다른 나라 외교관들과의 사적인 자리에 가는 것이 불편하거나 재미가 없어 본인 스스로가 자리를 피하게 되고, 다른 나라의 외교관들도 우리 외교관이 불편해하는 기색을 눈치 채고 굳이 초대를 하지 않게 되는 경우가 발생하게 된다는 것이다. 이렇게 해서 사적인 친교의 기회를 놓치게 되면, 정작 공적인 업무의 수행에 꼭 필요한 중요한 정보의 수집과 대화 채널의 확보에 어려움이 생기게 되는 것이다.

그렇다면 어떻게 해야 할까? 폭넓은 교양을 쌓아야 한다. 다방면에 폭넓은 지식을 쌓게 되면 전공 공부에도 큰 도움이 된다.

이렇게 비유해 보자. 삽과 곡괭이로 땅을 파 들어가는데, 지름 50cm의 범위 내에서 파 들어가는 것과 지름 5m의 폭을 가지고 파 들어가는 것 중 어느 쪽이 더 깊이 팔 수 있을까? 좁게 시작하면 깊게 파 들어가기도 쉽지 않다. 넓게 시작하면 훨씬 더 깊게 팔 수 있다. 말하자면 전공 분야에서 깊이 있는 지식을 얻기 위해서는 전공 공부만 하는 것보다도 폭넓은 지식을 갖는 것이 훨씬 유리하다는 것이다. 전공의 깊이를 더하기 위해서라도 교양의 폭을 먼저 넓히라는 당부를 꼭 하고 싶다.

최 교수님의
학문 이야기

아버지의 반대를 무릅쓰고 결정한 나의 길

내가 정치외교학을 공부하게 된 계기는 참으로 단순하고, 어쩌면 유치하기까지 하다. 중학교 시절, 내가 제일 좋아하던 과목이 바로 '일반사회'였던 것이다. 지금은 정치경제 과목에 해당하는 수업이었는데, 담당 선생님의 수업이 참으로 재미있었다. 그러다 보니 수업 내용이 머리에 쏙쏙 들어왔고 자연히 시험성적도 항상 만점에 가까운 점수를 기록하게 됐다. 시험을 잘 보니 선생님한테 칭찬도 들었을 테고, 신이 나 공부도 더 열심히 했음이 틀림없다. 아무튼 이를 계기로 우리나라의 정치적 상황을 비롯한 시사문제에 관심을 갖게 되어 신문과 방송에서 뉴스를 즐겨 보게 되었다. 그러다 보니 가족들과도 정치적인 문제에 대한 의견 교환을 하게 되었고 그런 과정 속에서 나름대로 정치적 상황에 대한 판단을 하기 시작한 것이 아닌가 한다. 이때까지만 해도 나의 부친은 신문에서 본 내용을 제법 주워섬기는 어린 아들을 대견스럽게 생각하셨던 것 같다.

최 교수님의
학문 이야기

나는 박정희 대통령의 유신시대 때 중고등학교를 다녔다. 돌이켜 보면 엄혹하기 그지없었던, 자유로운 정치토론의 길은 철저히 봉쇄되어 있던 그런 시절이었다. 물론 선생님들과 주변의 연장자들과의 대화 속에서 싹튼 생각이겠지만, 당시 어린 마음에도 우리나라의 정치적 상황이 정상적인 것이 아니며, 타개되어야 할 국면에 있는 것으로 간주하기도 했다. 그러다가 고등학교에 진학해 문과와 이과 중 하나를 선택해야 할 시점에 다다랐다. 나는 중학교 때부터 키워온 정치경제에 대한 관심 때문에 당연히 문과를 선택하고 싶었으나, 부친의 생각은 달랐다.

나의 부친은 일제 치하의 막바지에 학도병으로 징집되어 조선 배치를 위한 훈련을 받으시던 중 해방을 맞이하셨고, 해방 이후에는 이북에서 가족들과 함께 월남을 하셨으며, 한국전쟁 중에는 대한민국 군인으로 참전하셨다. 전쟁이 끝나고 제대하신 다음에는 한동안 교편생활을 하신 후 이를 계기로 주로 교육 관련 사업을 시작하셨고, 후일 출판사를 설립해서 운영하셨다. 해방과 동족상잔의 비극을 겪고 난 다음에도 나의 부친 세대께서 사시던 시대는 우리나라의 사정이 안팎으로 불확실성이 매우 큰 시대였다.

한국전쟁이 끝난 다음 1950년대에 정치적 민주주의가 제대로 정착되지 않았던 우리나라는 정치적으로는 혼란의 연속이었고 경제적으로는 성장 동력을 찾지 못한 채 대외 원조에 기댈 수밖에 없는 불안정한 상황이었다. 1960년대에 들어서도 우리나라는 혁명과 쿠데타, 군정과 민정이양, 그리고 선거의 소용돌이를 거치면서 정치적 안정성과 견조한 경제발전은 요원한 일처럼 보였다. 1970년대에 갑작스레 찾아온 데탕트 시대는 국제적으로는 평화에 대한 기대를 높이는 효과를 가지고 왔으나, 우리나라에서는 미국의 대한 방위조약 이행 의지에 대한 의구심의 증가와 맞물려 안보 불안이 오히려 커지게 되었다. 이것은 결국 삼선 개헌과 유신 체제의 등장이라는 독재의 강화로 이어지는 결과를 낳게 하기도 했다. 아울러 1970년대는 월남전쟁의 후유증에 따라 국제경제체제의 불안정성이 커지게 되고 1973년에는 마침내 중동전쟁으로 인한 석유위기가 발생하게 됨으로써 전 세계적으로 고물가와 경제적 침체가 병행되는 스태그플레이션이 발생하여 국제경제가 극도의 혼란기에 빠져 국내적으로도 한동안 경제발전에 제동이 걸리기도 했다. 나아가 1970년대 말에는 18년 동안 권좌를 지키던 박정희 대통령이 피살됨으로써 길고도 길었던 유신 체제는 종언을 고했으나 이에 따른 정치적 혼란과 광주 민주화 항쟁이라는 크나큰 아픔을 겪어야 했다. 또한 1980년대 초반 신군부가 전면에 등장하면서 우리나라 정치발전의 시계(時計)는 다시 뒤로 되돌려지게 되었다. 마침내 1980년대 후반 우리나라는 6월 항쟁이라는 또 한차례의 정치적

격동을 거친 다음에서야 비로소 안정적인 민주화의 과정을 밟을 수 있게 되었고, 1990년대 들어와 탈냉전의 국제적 환경 속에서 대내적으로 경제발전과 정치적 민주화를 동시적으로 추진시켜 나갈 수 있는 여건이 조성되었다.

그러나 이때 이미 우리 부친의 연세는 환갑을 훌쩍 넘어 칠순에 다다르고 있었다. 한국 현대사의 굴곡이 우리 부친의 일생에 그대로 투영되고 있었던 것이다.

우리 부친과 같은 시대를 살았던 모든 분들의 공통된 경험이었으리라 짐작되지만, 나의 부친은 격동의 시기를 온몸으로 부닥치며 사신 분이다 보니, 불확실성이 큰 험한 세상에서도 상대적으로 덜 고생하고 대접받으며 살 수 있는 길은 확실한 기술, 그것도 다른 사람들이 꼭 필요로 하는 그런 기술을 갖는 것이라고 생각하셨던 것 같다. 그런 기술로 내 부친이 생각하신 것이 바로 의술이었다. 아들을 의사로 만들고 싶으셨던 것이다. 그런데 의사가 되기 위해 의과대학을 가려면 고등학교에서 이과를 선택해야 하는데 아들이 말을 듣지 않고 문과를 간다고 하자 부친의 실망과 걱정은 이만저만한 것이 아니었다. 그렇지만 자식 이기는 부모 없다고, 몇 차례의 설득에도 내가 넘어가지 않자 부친은 마침내 나의 문과 선택을 용인하여 주셨다.

그런데 부친과의 의견충돌이 그것으로 끝난 것이 아니었다. 대학에 진학하면서 전공을 선택할 때도 부친은 보다 예측 가능한 진로가 보이는 전공을 택하기를 원하셨다. 상경계열이나 법과대학 쪽을 원하셨던 것이다. 지금 생각해도 왜 내가 꼭 그렇게 했어야 했는지 모르겠으나, 결국 부친의 말씀을 듣지 않았다. 적어도 사춘기의 치기로 인한 부친에 대한 반발심은 절대로 아니었다고 생각되지만 어쨌든 부친의 뜻을 따르지 않고 정치외교학을 내 전공으로 선택했다. 학부를 졸업하고 대학원에 진학할 때, 그리고 미국으로 유학을 갈 때도 부친은 내가 전공을 바꾸어 좀 더 실용적인 학문을 하기를 원하셨지만, 나는 끝내 내 전공을 바꾸지 않았고, 정치학 박사학위를 받아 현재 정치외교학을 가르치는 교직에 몸담고 있다.

미래 지식을 전하는 보람

이런 얘기를 쓰면서, 이 책을 읽는 독자들에게 구슨 일이 있어도 부모님의 말을 듣지 말고 자신이 하고 싶은 일을 꿋꿋이(?) 하라고 충고하는 것은 절대로 아니다. 누가 뭐래도 부모님의 말씀은 귀 기울여 들어야 한다. 사실 청소년 시절 자신의 적성이나 미래의 사회적 수요에 대해 정확히 알기는 어렵다. 그래서 세상을 살아온 어른들의 경험과 조언이 필요한 것이다.

부친께서도 아들의 성장 과정을 지켜보시면서, 아들이 무엇을 했으면 좋겠다는 생각만 하신 것이 아니라 무엇을 하면 잘할 수 있을 것인지에 대해서도 자연스럽게 관찰을 하셨을 것이다. 오랜 관찰과 고민 끝에 아들에게 진로에 대한 제안을 하셨던 것이다. 지금 와서 돌이켜 보면, 부친이 원하셨던 대로 의사의 길을 가거나 아니면 자연과학이나 공학을 전공해서 그쪽 일을 했어도 보람과 재미가 있었을 것이란 생각이 자주 든다. 반드시 정치외교학만이 나의 천직이었다고 생각되진 않는다는 것이다. 다만, 정치외교학에 관심을 두게 되는 계기가 주어진 것은 나의 행운이었고, 결국 부친의 동의를 얻어 정치외교학을 공부하게 된 것은 나에게는 축복이었다고 생각한다.

부친께서는 당시 상황에서 정치외교학을 공부한다는 것의 리스크를 많이 생각하셨던 것 같다. 지금 와서 과거 부친과 나누었던 대화의 내용을 돌이켜 보면, 부친께서는 아들이 정치외교학과를 졸업하고 나서 무엇을 할 수 있는지를 가늠해 보셨고, 아들의 전공을 살리다 보면 결국 정치와 관련되는 일을 하기가 쉬울 것으로 여기신 모양이다. 그런데 당시의 권위주의적 정치 현실 속에서 그 어느 것도 매력적으로 보이지 않았을 것이다. 권력을 행사하는 편에 서는 것도 그다지 마뜩치 않으셨을 것이고, 반대로 권력을 비판하고 도전하는 편에 서는 것도 위험하다고 보셨을 것이다. 그런 마당에 정치외교학을 전공하겠다고 나서는 아들이 걱정되는 것은 부모의 입장에서 당연한 일일지도 모른다.

아닌 게 아니라 한때 우리나라는 정치외교학과를 졸업한 많은 사람들이 취업 전선에서 불이익을 받은 적도 있었다. 기업체에서 정치외교학을 전공한 사람들은 동료들을 부추겨서 노사갈등을 일으킬 소지가 많은 사람들로 생각했던 것이다. 정부도 정치외교학과 학생들을 시위를 주동하는 '요주의 인물'로 간주했기 때문에 1970, 1980년대에는 대학에 정치외교학과가 신설되는 예가 극히 드물었다. 지금 여러 대학에 있는 국제관계학과는 당시 그러한 당국의 따가운 시선을 벗어나 당시 국제교류가 활발해지고 있던 트렌드를 반영해 내용적으로는 정

치외교학을 가르치지만 이름은 새롭게 붙여 만들어진 학과였다.

시국이 그러하다 보니, 부친께서 아들이 정치외교학과를 가는 게 영 걱정스러우실 수밖에 없었을 것이다. 그렇지만 정치외교학을 전공한 사람들이 모두 정계에 투신하는 것도 아니고, 모든 기업이나 정부부처가 정치외교학 전공자들을 꺼려하고 있었던 것도 아니었다.

그리고 다행히도 우리나라가 정치적으로 민주화되었기 때문에 정치외교학 전공자들이 더 이상 취업이나 사회생활에서 불이익을 받거나 배척을 받는 상황은 전혀 없었다. 오히려 세계화와 정보화가 진행되고 있는 민주사회에서는 정치외교학에서의 학습을 통해 얻어지는 세상을 보는 눈과 리더십 등으로 인해 정치외교학 전공자들은 사회 각계에서 환영을 받는 존재가 되고 있다. 학부제를 실시하고 있는 여러 대학에서 정치외교학과에 진학하려고 하는 희망자들이 많은 것도 그때문이다.

비록 전공을 선택함에 있어 부친의 뜻을 따르지는 못했지만, 그래서 죄송한 마음 금할 길이 없지만, 그럼에도 불구하고 정치외교학을 공부한 것은 참 잘한 일이라고 생각된다. 무엇보다도 정치외교학은 21세기를 살아가는 젊은이들에게 꼭 필요한 지식, 필수불가결한 소양을 심어주기 때문이다. 정보화와 세계화가 빠른 속도로 진행되면서 소통의 밀도가 높아지고, 교류의 폭이 확대되고 있는 오늘날, 세상을 향한 폭넓은 시선으로 더불어 사는 사회생활의 기술을 발휘할 수 있도록 하는 것이 바로 정치외교학이기 때문이다.

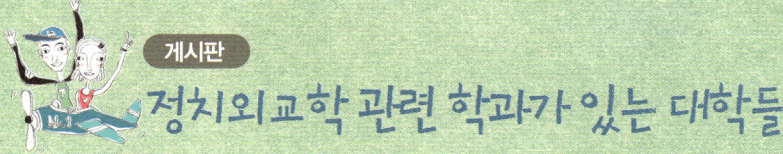

정치외교학 관련 학과가 있는 대학들

정치외교학과는 학교에 따라 정치학, 국제관계학 등의 명칭으로 4년제 대학에만 개설되어 있습니다.

서울	건국대, 경희대, 고려대, 국민대, 단국대, 덕성여대, 동국대, 명지대, 서강대, 서울대, 서울시립대(국제관계학과), 성공회대(정치학전공), 성균관대, 성신여대, 숙명여대, 숭실대, 연세대, 이화여대, 중앙대, 한국외대, 한양대
부산	경성대, 동서대(국제관계학부), 동아대, 동의대, 부경대, 부산대, 부산외대(외교학과), 신라대(국제관계학전공)
대구	경북대, 계명대
인천	인천대, 인하대, 연세대 송도캠퍼스
광주	전남대, 조선대
대전	대전대(정치언론홍보학과), 배재대, 충남대, 한남대(정치 · 언론 · 국방학과)
울산	울산대(국제관계학전공)
제주	제주대
경기도	가톨릭대(국제학부), 경기대 수원캠퍼스(국제관계학전공), 아주대, 중앙대 안성캠퍼스(정치국제학과), 한신대(국제관계학부)

강원도	강원대, 연세대 원주캠퍼스, 한림대(정치행정학과)
충청도	서원대, 청주대, 충북대, 한서대(국제관계학과)
전라도	목포대, 원광대(국제통상학부), 전북대
경상도	경남대, 경상대, 대구대(국제관계학과), 동국대 경주캠퍼스(정치행정학부), 영남대, 인제대, 창원대(국제관계학과), 대구 카톨릭대

나의 미래 계획 다이어리

나를 알아보는 단계

미래 계획을 세우기 전에 나를 알아보는 것은 중요하다. 재능 있는 사람도 즐기는 사람을 당할 수 없다고 한다. 내가 가장 좋아하고 잘할 수 있는 일은 무엇일까? 자, 자신이 좋아하는 일들로 지면을 가득 채워보자!

난 게임이라면 자신 있어!
이래 봬도 고수란 말씀!

게임 빼기
할 줄 몰랐어.
난 놀고먹는 게
제일 좋은데
어쩌ㅓ~

보너스 문제

이것만은 절대 못 하겠다!

다른 건 어떻게 해보겠는데, 정말 하기 싫은 것이 있을 것이다.
눈치 보지 말고, 마음껏 적어보자!

본격적인 계획 단계 – 목표 설정

나에 대해 알아보았으니 이제 본격적으로 자신만의 맞춤 계획을 세워보자. 먼저 자신이 무엇을 하고 싶은지 적어보자. 목표가 확실하지 않으면 계획을 진행하기 어렵기 때문에 신중히 생각해야 한다.

부자가 되는 것도 좋지만,
실현 가능한 목표를 세우는 것이 중요해.
그러기 위해서는 좀 더 구체적으로
생각하는 게 좋겠지?

나는 부자가
될 거야!

실행 단계

목표를 정했으니 이제 거침없이 계획을 진행해 보자. 자신이 세운 목표를 이루기 위해서는 어떤 일들을 해야 하는지 적어보자.

나의 목표 - 방학 동안 체중 5kg 감량

계획
저녁은 오후 7시 이전에 먹는다. → 저녁은 안 먹지만 야식은 먹었다.
일주일에 3번 이상 줄넘기를 한다. → 일주일에 3번 이상 줄만 간신히 넘었다.
군것질을 줄인다. → 군것질은 줄었지만 외식이 늘었다.

단, 계획이 잘 실행되고 있는지 수시로 체크하는 것이 중요하다!

10년 후 나의 모습

이렇게 계획을 세우는 것만으로도 마음이 든든하다. 이 든든한 마음을 가지고
10년 후 자신의 모습을 생각해 보자!

파티시에가 되어서 사람들에게
꿈과 희망도 같이 나눠주고 있을 것 같아!
상상만으로 빵 냄새가 솔솔 나는 것 같아.

와~ 그럼,
나 빵 많이
주어야 해!
공짜로~

최진우 교수님은...

현재 한양대학교 정치외교학과에서 학생들을 가르치고 있다. 주로 강의하는 과목은 국제정치학 입문, 국제정치경제론, 국제협상론, 유럽정치론 등이다. 유럽과 동아시아의 지역통합에 특히 관심이 많으며, 한국과 미국의 외교정책, 문화와 정치 등에 대해서도 연구하고 있다. 유럽정치연구회 회장, 한국유럽학회 회장, 한국정치학회 총무이사, 한국국제정치학회 연구이사 등의 일을 맡아 폭넓은 학회 활동을 하고 있다. 또한 2015년 한국정치학회 회장직을 맡을 예정이다.

나의 미래 공부 12

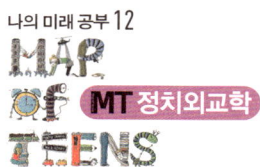

MT 정치외교학

초판 1쇄 펴낸날 2008년 9월 16일
초판 6쇄 펴낸날 2021년 11월 1일

저자 최진우
펴낸이 서경석
책임편집 정재은 **디자인** All Design Group **일러스트** 문수민
마케팅 서기원 **제작·관리** 서지혜, 이문영
발행처 청어람장서가 **출판등록** 2009년 4월 8일(제 313-2009-68호)
주소 경기도 부천시 원미구 부일로 483번길 40 서경빌딩 3층 (우)14640
전화 032)656-4452 **팩스** 032)656-4453
전자우편 juniorbook@naver.com

정가 13,000원
ISBN 978-89-93912-53-1 44340
　　　978-89-93912-66-1(세트)